KB103995

주식유치원에서 배우는

해외주식 기초수업

주식유치원에서 배우는
해외주식 기초수업

—

2023년 3월 20일 1판 1쇄 인쇄
2023년 4월　3일 1판 1쇄 발행

—

지은이 김석민
펴낸이 이상훈
펴낸곳 책밥
주소 03986 서울시 마포구 동교로23길 116 3층
전화 번호 02-582-6707
팩스 번호 02-335-6702
홈페이지 www.bookisbab.co.kr
등록 2007.1.31. 제313-2007-126호

—

기획·진행 권경자
디자인 디자인허브

—

ISBN 979-11-90641-95-1 (03320)
정가 18,000원

—

ⓒ 김석민, 2023

책밥은 (주)오렌지페이퍼의 출판 브랜드입니다.

· 주식유치원에서 배우는 ·

해외주식 기초수업

주식유치원(김석민) 지음

책밥

해외주식유치원 입학사

인기리에 종영된 드라마 〈재벌집 막내아들〉에서 송중기(진도준 역)는 2022년에 생을 마감했지만 1987년 재벌 3세로 환생한 인물입니다. 그는 순양그룹이라는 재벌가를 인수하기 위해 여러 투자를 이어나갑니다. 미래에서 1987년으로 환생한 인물이었기에 앞으로 어떤 일이 벌어질지, 그리고 그것이 투자에는 어떤 영향을 미칠지 잘 알고 있었죠. 1997년 IMF 외환 위기, 2002년 월드컵 4강 진출, 2003년 신용카드 대란과 같은 굵직굵직한 사건들을 활용해 투자로 큰 부를 쌓아갑니다. 드라마에서 그는 1997년 상장하는 아마존에 투자해 큰 수익을 거두며 아마존 투자를 반대하는 그의 투자파트너에게 이런 말을 하죠.

"앞으로는 인터넷이 지금의 오프라인 유통망을 대체할 날이 올 것이다."

2023년을 살아가는 우리에게는 너무나 당연하게 느껴지는 말이지만, 1997년 그 시대 사람들에게는 상상하기 힘든 현실이었죠.

1997년의 아마존만이 아닙니다. 전 세계 시가총액 1위 기업인 애플이 아이폰을 출시한 것은 2007년 6월 29일입니다. 애플은 아이폰 출시로 스마트폰이라는 새로운 시장을 개척했고, 그 결과 스마트폰이라는 하드웨어 시장과 앱스토어라는 소프트웨어 시장을 석권하며 현재 세계에서 가장 시가총액이 높은 기업 중 하나가 되었죠.

2007년 애플이 스마트폰을 출시했을 때 스마트폰이 지금처럼 전 세계적으로 광범위하게 사용되는 생활필수품이 될 것이라고 상상할 수 있었다면 얼마나 좋았을까요. 애플이 스마트폰을 출시한 2007년 말 애플의 시가총액은 1,740억 달러로 현재 시가총액의 10분의 1도 되지 않았습니다. 심지어 2008년 닥친 금융위기로 그해 말 애플의 시가총액은 1년 만에 56% 하락한 760억 달러가 되었습니다. 만약 2008년 말 애플에 투자하여 2022년까지 그 주식을 갖고 있었다면 투자금만 무려 20배 이상 상승했을 것입니다. 2008년 투자금의 28%를 매년 배당으로 받을 수 있다는 점은 별개이고요.

2020년 3월 코로나19 팬데믹으로 전 세계 주식시장이 급락한 뒤 세계 각국의 공격적인 통화 및 재정 정책에 힘입어 주식시장이 급반등하면서 국내 투자자들의 해외주식 투자도 크게 증가했습니다. 때마침 등장한 전기차의 아이콘 테슬라는 제2의 애플, 제2의 아마존을 열망하던 투자자들에게 한 줄기 빛과 같은 존재였죠. 2019년 국내 투자자들이 가장 많이 투자한 해외주식 1위는 아마존으로 그 금액은 6억 5,500만 달러였습니다. 이 순위는 2020년 테슬라가 78억 3,500만 달러를 기록하며 단숨에 1위 자리로 올라섰고, 2022년 3분기 말 132억 5,100만 달러에 이르렀습니다.

하지만 상승장이 있으면 하락장이 있는 것이 주식시장 불변의 법칙입니다. 2020년부터 2021년까지 2년 동안 크게 상승했던 주식시장은 2022년 미국의 급격한 금리인상과 갑작스레 발발한 러시아-우크라이나 전쟁으로 인해 큰 하락을 기록합니다. 그동안 폭발적인 주가 상승을 보였던 테슬라도 2022년 한 해 65%나 하락했죠.

전 세계적으로 주식시장이 급락하자 투자자들의 투자 열기 또한 차갑게 식어갔습니다. 인플레이션 시대 사람들의 관심사는 재테크가 아니라 짠테크(짠돌이 + 재테크의 줄임말)로 옮겨갔죠.

하지만 조금만 장기적인 관점에서 주식시장을 바라보면 자본시장의 역사는 말해줍니다. 결국 이 시대를 이끌어나갈 위대한 기업에 투자하면 장기적으로 큰 수익을 안겨준다고 말이죠. 2000년대 닷컴버블, 2008년 금융위기와 같은 어려움 속에서도 결국 살아남은 기업들이 현재 얼마나 큰 기업 가치를 인정받고 있는지 우리는 잘 알고 있습니다.

그래서 어쩌면 지금이 해외주식 투자를 제대로 공부할 기회가 아닌가 싶습니다. 모두가 열광하는 때가 아니라 모두가 떠나갈 때, 묵묵히 제2의 애플, 제2의 아마존을 찾기 위한 공부를 지속한다면 긴 하락장을 거쳐 주식시장이 다시 상승장으로 돌아설 때 큰 이익을 얻을 수 있습니다.

이 책은 해외주식 투자를 한 번도 경험하지 못한 독자들을 위해 집필한 책입니다. 어떤 이유에서건 해외주식을 시작하고 싶지만 그 방법을 모르거나 어디에서 관련 정보를 찾아야 할지 몰라 막막했을 누군가의 투자 여정에 조금이나마 도움이 되었으면 좋겠습니다.

주식시장의 봄날을 기다리며
김파고 드림

해외주식유치원 입학사

PART
1 해외주식유치원 1학년 기본 다지기

1장 해외주식, 투자의 원칙

좋은 기업도 하락할 때 매수해야 돈을 번다   018

매수하기 전부터 하락을 생각하자?   023

조건 없는 장기투자가 답은 아니다   027

투자의 왕도 기록만이 살 길이다   030

원칙을 지켜야 투자로 성공한다   034

📖 방과후 과정 1 ｜ 해외주식 계좌 개설하기

2장 해외주식, 국내주식 투자와 무엇이 다른가

주가가 올랐는데도 손해가 난다? 환율   042

주식투자로 수익이 나면 세금을 내야 한다? 해외주식 양도소득세   047

해외주식 매매하려면 밤을 새워야 한다? 거래시간과 결제일   051

해외주식 사려면 1천만 원은 있어야 한다? 거래단위, 소수점거래   055

전 세계 주식을 다 살 수 있다? 해외주식 투자대상   059

차트가 빨간색이라 좋아했는데 하락했다? 등락표시법   063

📖 방과후 과정 2 ｜ 증권사의 통합증거금 및 환전수수료

PART
2 해외주식유치원 2학년 실전투자 워밍업

3장 해외주식 투자, 기본부터 알고 시작하자

해외주식은 기업 이름이 아니라 티커로 말한다   074

해외주식 기본 정보는 어디에서 얻을 수 있나   078

가격제한폭과 동시호가가 없다? 나라별로 다른 매매제도 1탄   082

오늘 주식을 팔고 바로 재매수할 수 없다?

나라별로 다른 매매제도 2탄   085

해외주식 배당금, 원천징수된다고 안심해서는 안 되는 이유   087

📖 방과 후 과정 3 | 증권사별 해외주식 특화 서비스

4장 해외주식 투자, 어떻게 투자해야 성과가 좋을까

장기 적립식 투자 시장의 우상향을 믿고 투자하라   096

해외주식 단기투자가 특히 어려운 이유   100

서학개미 매매의 현주소 서학개미 매매패턴 및 수익률   103

서학개미들이 가장 많이 투자한 해외기업은 어디일까   107

해외주식, 언어와 정보 얻기의 어려움은 어떻게 극복해야 하나   111

📖 방과 후 과정 4 | 경제지표 알아보기

PART
3 해외주식유치원 3학년 해외주식 실전투자 1 개별종목 투자

5장 해외주식 개별종목 투자법

해외주식 개별종목 중 관심 기업 픽하는 방법 2가지   128

해외주식 개별종목 투자에서 섹터를 주목해야 하는 이유   134

해외주식 개별종목 나만의 기준으로 종목 검색하는 방법   138

해외주식 개별종목 무엇을 공부해야 하나   141

해외주식 개별종목 기술적 분석은 어떻게 하나   146

📖 방과후 과정 5 ｜ 워런 버핏, 레이 달리오가 투자한 기업

6장 해외주식 개별종목 실전투자 전략

해외주식 매매차익이냐 배당투자냐   154

해외주식 매매타이밍은 어떻게 잡을까   158

해외주식 밸류에이션 판단하기   163

해외주식 백테스트로 성과와 위험도 판단하기   168

해외주식 연말을 이용한 포트폴리오 리밸런싱   171

해외주식 수수료 아껴서 수익률 높이기   174

📖 방과후 과정 6 ｜ 해외주식 애널리스트 리포트 활용법

PART 4 해외주식유치원 4학년 해외주식 실전투자 2 ETF 투자

7장 해외주식 ETF 투자법

ETF는 어떤 상품인가   186

해외주식 ETF, 국내주식 ETF와는 무엇이 다른가   190

해외주식 ETF 투자의 장점과 단점   195

수많은 해외주식 ETF, 내게 필요한 ETF 찾는 법   198

서학개미가 주목한 대표 ETF 10선   202

📖 방과 후 과정 7 | 해외주식 ETF 투자 시 알아두면 좋은 사이트

8장 해외주식 ETF 실전투자 전략

ETF 실전투자 다양한 ETF 상품, 다양한 투자 전략   214

해외주식 ETF 실전투자 전략 1 지역별 ETF 투자하기   217

해외주식 ETF 실전투자 전략 2 자산배분 ETF 투자하기   221

해외주식 ETF 실전투자 전략 3 섹터 ETF 투자하기   226

해외주식 ETF 실전투자 전략 4 스타일 ETF 투자하기   229

해외주식 ETF 실전투자 전략 5 테마 ETF 투자하기   232

📖 방과 후 과정 8 | 대표 ETF를 확인하는 방법

PART
5 해외주식유치원 5학년 해외주식 실전투자 3 배당주 투자

9장 해외주식 배당주 투자법

배당주 투자 국내 배당주 투자와 다른 점   244

좋은 배당주를 고르는 핵심기준 3가지   248

배당수익률보다 배당성장률을 보자 YOC의 중요성   254

배당주로 매월 현금흐름 만드는 법   258

배당주에도 고배당주와 배당성장주가 있다   261

ETF로 배당주 투자하기   264

📖 방과후 과정 9 ｜ 배당주 투자에 도움이 되는 사이트

〈부록〉 해외주식 초보 투자자가 자주 묻는 질문   270

해외주식유치원 졸업사

이제 막 해외주식 투자에 관심을 갖고 투자 공부를 시작한 여러분 환영합니다. 투자를 막 시작하는 단계에서는 누구나 약간의 흥분을 느끼게 됩니다. 쇼핑할 때처럼 내가 원하는 주식을 산다는 행위가 투자자들에게 흥분을 안겨 주는 것이죠. 하지만 우리가 동네 슈퍼에서 작은 물건 하나를 살 때도 꼼꼼히 따져보는 것처럼, 이제 막 해외주식을 시작한 초보 투자자라면 덜컥 주식을 매수하기 전에 배워야 하는 것들이 있습니다.

이번 파트에서는 해외주식을 시작하기 전에 꼭 짚고 넘어가야 하는 기본에 대해 알아봅니다. 그 기본이란 바로 투자의 원칙과 해외주식만이 가지고 있는 차별점입니다. 투자는 하루아침에 끝나는 과정이 아니라 평생을 함께하는 과정입니다. 따라서 장기간 투자에서 좋은 성과를 내기 위해서는 무엇보다 기본 원칙을 갖는 것이 중요하죠. 또한 해외주식을 매매하기 위해서는 국내주식과 어떤 점이 다른지를 잘 파악해둬야 합니다. 자 그럼 이제부터 이런 점들을 하나씩 배워보도록 하겠습니다.

해외주식유치원
1학년

기본 다지기

1장 해외주식,
투자의 원칙

'해외주식에 대해 아무런 지식도 없는데 처음부터 무슨 투자 원칙을 세우라는 거지?'라고 생각하는 사람이 꽤 많을 것입니다. 투자의 원칙은 투자 고수들이 멋있게 보이기 위해 하는 정도로 생각할지도 모르겠습니다. 하지만 초보 투자자일수록 간단하지만 지킬 수 있는 확고한 투자 원칙이 필요합니다. 초보 투자자에게 진짜 필요한 것은 어쩌면 수많은 배경지식이 아니라, 이러한 지식을 활용할 때 나침반이 되어 줄 투자 원칙일 것입니다. 앞으로 배우게 될 수많은 해외투자 지식에 앞서 해외주식 초보 투자자들에게 나침반이 되어 줄 투자 원칙 5가지를 소개합니다.

- 좋은 기업도 하락할 때 매수해야 돈을 번다
- 매수하기 전부터 하락을 생각하자?
- 조건 없는 장기투자가 답은 아니다
- 투자의 왕도 기록만이 살 길이다
- 원칙을 지켜야 투자로 성공한다

📖 방과 후 과정 1 ㅣ 해외주식 계좌 개설하기

좋은 기업도 하락할 때 매수해야 돈을 번다

2020년 3월 코로나19가 전 세계적으로 유행하는 감염병으로 퍼지자 수많은 나라가 국경을 폐쇄하거나 도시봉쇄 조치를 취했습니다. 미국에서는 그해 3월 19일 각 주정부가 필수 사업을 제외한 모든 행위 및 이동을 제한하는 자택 대피령을 발표했죠. 이러한 움직임에 전 세계 기업들의 경영 활동과 소비자들의 소비 활동이 멈췄습니다. 그 결과 기업의 주가는 곤두박질쳤습니다. 알지 못하는 감염병에 대한 두려움에 사람들이 앞다투어 주식을 팔기 시작했고, 주가 하락이 또 다른 주가 하락을 불러오는 패닉 셀링(Panic selling)이 전 세계 증시를 뒤덮었습니다.

2020년 2월 24일 월요일 S&P500 지수*는 3,225포인트, 나스닥 종합지수는 9,221포인트였습니다. 하지만 패닉 셀링이 시작되자 한 달 뒤인 3월 23일 월요일 S&P500 지수의 경우 장중에는 2,191포인트를, 종가로는 2,237

포인트를 기록하며 연중 최저치를 경신했습니다. 한 달 만에 지수가 무려 30%나 하락한 것이죠. 나스닥 역시 그해 3월 23일 6,860포인트를 기록하며 한 달 전 지수보다 26%나 급락했습니다.

미국 증시 시가총액 상위 대형주들의 움직임도 지수의 하락 폭과 크게 다르지 않았습니다. 시가총액 1위였던 애플의 주가는 2월 24일 298달러에서 3월 23일 224달러로 한 달 동안 25% 하락합니다(당시 애플은 액면분할 전으로 현재의 가격 수준과는 다릅니다). 근소한 차이로 시가총액 2위였던 마이크로소프트의 주가 역시 170달러에서 136달러로 한 달 만에 20% 하락합니다. 애플과 마이크로소프트 외에도 아마존, 알파벳(구글의 모회사), 페이스북(현 메타), 존슨앤존슨, 월마트, JP 모건, 비자 등 시가총액 상위 종목들은 적게는 20%에서 많게는 50%까지 주가가 하락했습니다. 좋은 비즈니스 모델과 강력한 브랜드파워, 그리고 기술력을 바탕으로 전 세계 시장을 주름잡고 있던 위대한 기업들의 주가가 폭락하는 상황이었죠.

이후의 상황에 대해서는 우리도 너무나 잘 알고 있습니다. 3월 23일 미국 연방준비제도이사회(이하 연준) 의장 제롬 파월(Jerome Powell)은 '무제한적 양적 완화'를 선언하며 연방정부와 시장에 필요만 만큼의 달러를 충분히 공급하겠다고 선언합니다. 또한 미국 의회에서는 무려 2조 달러(2,400조 원)의 재정을 개인 및 가계, 기업과 지방정부 등에 지원하는 법안을 통과시킵니다. 전무후무한 연준의 통화 완화 정책과 사상 최대 금액의 재정 정책으로 인해 미국 증시를 포함한 전 세계 증시는 큰 폭의 반등을 보이게 됩니다. 앞서 언급한 애플, 마이크로소프트, 아마존 등 시가총액 상위 종목들의 주가 역시 크게 상승했죠. 시간이 지나고 보니 이들 기업의 주가가 크게 하락했을 때가 매수하기에 최적의 타이밍이었다는 것을 모두가 알게 되었습니다.

하지만 영원히 상승할 것만 같았던 미국 증시에도 하락장은 찾아왔습니다. 예상보다 가파른 인플레이션(물가 상승)으로 인해 연준이 기준금리를 빠르게 올릴 것이라는 두려움이 시장에 퍼졌고, 기준금리 상승 전 시장 금리가 먼저 상승하면서 밸류에이션(기업가치평가)이 높은 기업부터 주가가 하락하기 시작했습니다. 기준금리 인상에 더해 2022년 2월 말 발발한 러시아-우크라이나 전쟁은 국제적인 원자재, 원유 가격 폭등을 이끌면서 물가 상승을 가중시켰고, 이는 주식시장을 더 큰 하락으로 이끌었죠. 결국 2022년 1월 4,778포인트로 시작한 S&P500 지수는 같은 해 12월 30일 3,839포인트로 마감하며 연간 20%의 하락률을 기록했습니다. 기술주 중심의 나스닥 시장 하락 폭이 더 커서 같은 기간 나스닥 지수는 15,732포인트에서 10,466포인트로 33%나 하락했죠.

미국 증시 시가총액 1위 애플은 2022년 1월 177달러로 거래를 시작했지만 12월 마지막 거래일에는 129달러로 1년 동안 27% 하락했고, 시가총액 2위 마이크로소프트 역시 335달러에서 239달러로 연간 29% 하락했습니

◆ 애플(파란색), 마이크로소프트(주황색), 테슬라(초록색)의 2022년 주가수익률

※ 출처: tradingview.com

다. 2022년 1월 첫 거래일에 382달러(액면분할 반영된 가격)로 출발했던 테슬라는 2022년 12월 마지막 거래일에 123달러를 기록하며 무려 연초 대비 68%나 하락했습니다. 폭발적인 주가 상승을 보였던 2021년과는 정반대의 결과였죠.

미국의 기준금리 인상, 러시아-우크라이나 전쟁 발발 그리고 이어진 원자재 가격 폭등과 전 세계적인 인플레이션까지 주가를 끌어내린 이유는 많았지만, 이 모든 것은 기업을 둘러싼 외부환경의 변화였을 뿐 기업 내부의 문제는 아니었습니다. 애플은 여전히 프리미엄 스마트폰 시장의 최강자이자 세계에서 가장 강력한 모바일 생태계를 구축한 회사였고, 마이크로소프트는 PC 시장의 독점적인 OS를 바탕으로 이제는 클라우드 시장에서 폭발적으로 성장을 이어나가고 있었습니다. 또한 테슬라는 원자재 가격 상승에 발맞춰 2022년에만 무려 6차례나 가격을 인상하면서도 매 분기 기

록적인 판매 대수를 경신하고 있었죠. 하지만 주가가 하락하자 사람들은 경기침체에 대한 공포감에 사로잡혀 이전보다 주가가 나아졌음에도 불구하고 연초보다 낮아진 가격에 주식을 팔아 현금을 확보하는 모습을 보였습니다.

2020년 3월 코로나19 팬데믹으로 인한 주가의 급락과 반등, 그리고 2022년 미국 금리인상과 러시아-우크라이나 전쟁을 겪으며 더욱 거세진 전 세계 증시의 하락과 반등(2022년 7월과 8월 전 세계 증시는 6월 저점 대비 20~30% 반등하는 모습을 보였지만 연말로 갈수록 다시 크게 하락하는 모습을 보였습니다), 이 두 상황을 지켜보면서 여러분은 어떤 생각을 하셨나요?

애플이나 마이크로소프트, 구글처럼 강력한 비즈니스 모델을 바탕으로 한 세계 시장의 대체 불가능한 기업들마저도 주가가 하락할 때 매수해야 수익을 볼 수 있다는 것입니다. 아무리 좋은 기업이라 하더라도 싸게 사는 것이 중요하다는 점을, 그리고 비싸게 매수하면 아무리 좋은 기업이라도 손해를 볼 가능성이 크다는 점을 꼭 명심해야 합니다.

매수하기 전부터 하락을 생각하자?

주식투자자 대부분은 주식을 매수할 때 장밋빛 미래를 상상합니다. 내가 산 주식의 가격이 앞으로 50%, 100% 오르기를 기대하며 주식을 매수하죠. 주식을 매수할 때 내가 매수한 가격보다 주식의 가격이 더 내려갈 것을 예상하며 매수하는 투자자는 없을 것입니다. 주가가 더 내려갈 것이라 예상했다면 그때까지 기다렸다 매수하는 것이 합리적인 선택이기 때문이죠.

만약 누군가 주가의 단기 저점을 예상하기 어려워 분할매수를 하고 있거나 내가 예상한 주식의 가격보다 더 내려갔을 때 같은 금액으로 더 많은 주식을 살 수 있다고 기뻐한다면, 그들은 초보 투자자가 아니라 투자의 고수일 확률이 높습니다.

대부분의 초보 투자자일수록 들뜬 마음에 주식을 매수합니다. 주식을 매수할 때는 해당 기업에 대한 좋은 정보나 뉴스, 투자 아이디어를 들었을 확률이 높습니다. 누구나 주식을 매수할 때는 해당 주식을 살 만한 이유가 있기 때문입니다. 투자자별로 기대하는 이유야 다를 수 있지만, 주식을 매수할 때는 모두 해당 주식의 미래를 긍정적으로 평가하고 주가가 오르는 상황을 기대하며 매수했다는 공통점이 있습니다.

하지만 안타깝게도 투자의 세계는 냉혹합니다. 나의 기대나 바람 같은 것은 전혀 개의치 않는 게 주식시장이죠. 투자자의 기대처럼 매수한 주식이 지속적으로 상승하면 좋겠지만, 첫 번째 원칙에서 살펴본 것처럼 주식은 시장의 변화에 따라 주가가 크게 하락하기도 합니다. 기업의 경쟁력이 달라지지 않았음에도 불구하고 외부환경의 변화로 주식시장에 하락장이 찾아오면 대다수 주식은 큰 폭으로 하락합니다.

주가가 하락하면 투자자들은 크게 3가지 선택을 할 수 있습니다. 첫 번째는 주식을 더 매수하는 일명 '물타기'를 할 수 있습니다. 내가 매수한 가격보다 주가가 하락한 상황이기 때문에 같은 금액이라면 더 많은 주식을 매수할 수 있게 됩니다. 처음 주식을 매수할 때부터 분할매수를 계획했던 투자자라면 이 같은 상황이 반가울 수도 있습니다.

두 번째는 보유한 주식을 매도하는 '손절매'를 택할 수도 있습니다. 주가가 하락하면 투자자들은 본능적으로 공포를 느끼게 됩니다. 앞으로도 주가 하락이 이어질지 모른다는 두려움에 추가적인 손실을 피하고자 해당 주식을 매도합니다. 투자나 기업에 관한 공부가 탄탄하지 않을수록 주가가 하락하면 손절매를 택할 확률이 높습니다.

같은 손절매라도 주가 하락의 두려움 때문이 아니라 자신만의 투자 원칙으로 손절을 하는 경우도 있습니다. 해당 주식을 매수하기 전부터 이 정도 가격이 되면 이유를 불문하고 무조건 매도하겠다는 손절선을 정해둔 경우입니다. 자신만의 손절 원칙을 가진 투자자들은 주가가 지속적으로 하락하는 최악의 상황을 피할 수 있으므로 막연한 공포감에 주식을 매도한 투자자보다는 더 나은 의사결정을 내렸다고 할 수 있습니다.

주가가 하락할 때 투자자가 선택할 수 있는 세 번째는 아무것도 하지 않고 기다리는 것입니다. 주가가 하락하는데 추가로 매수하자니 겁이 나고, 그렇다고 이미 가지고 있는 주식을 팔자니 손실 금액이 아쉬워 이러지도 저러지도 못하고 주가가 회복되기만을 기다리는 것이죠. 시간이 지나 내가 매수한 가격으로 상승한다면 투자금을 복구할 수 있겠지만, 시간이 지나도 주가가 회복되지 않는다면 의도치 않게 비자발적인 장기투자자로 남게 됩니다.

지금까지 주식투자 결과 여러분은 어떤 유형에 속하나요? 그 결과 수익률은 어땠나요? 각자의 투자 종목과 투자 시점이 다르기 때문에 이를 일반화해 설명하기는 어렵지만 대체로 주가가 하락할 때 추가적인 매수에 나서거나 자신만의 손절선을 세워두고 이를 지키는 투자자가, 손절선 없이 공포감에 매도하거나 주가가 하락해도 아무 선택도 하지 못하는 투자자보다는 더 나은 수익률을 기록했을 가능성이 큽니다.

중요한 것은 주식을 처음 매수할 때부터 내가 매수하려는 주식이 내가 산 가격보다 하락할 수도 있다는 걸 기억하는 겁니다. 내가 매수한 가격보다 주가가 하락할 경우 내가 어떻게 대응할지를 미리 생각해 둔다면 장밋빛 미래만을 그리며 들뜬 마음에 매수 버튼을 누르는 투자자와 달리 한 단계 업그레이드된 투자에 접근할 수 있습니다.

조건 없는 장기투자가 답은 아니다

주식투자를 처음 시작할 때면 주변에서 이런 조언을 많이 해줍니다.

"주식을 단기간에 매매하는 건 도박이지 투자가 아니야. 투자란 기업의 성장과 동행해야 하고 기업의 성장은 하루아침에 일어나지 않기 때문에 시간이 필요해."

이런 이야기를 들으면 우리 뇌에서는 '단타, 즉 주식을 단기간에 사고파는 것은 투기이고, 주식을 장기간 보유하는 것이 진정한 투자'라고 인지하게 됩니다. 그리고 얼마 지나지 않아 내가 매수한 종목의 주가가 하락하게 되면 이렇게 생각합니다.

'투자란 기업의 성장과 동행하는 것이라고 했어. 지금 당장은 주가가 하락

했지만 결국 기다리면 주가는 회복할 거야. 그러니 지금 손절매하기보다는 기다리자.'

위와 같은 생각의 논리에는 중요한 연결고리가 생략되어 있습니다. 바로 기업이 지속적으로 성장·발전한다는 가정이죠. 즉 지금 당장은 주가가 하락했지만 기다리면 결국 회복할 것이고, 이러한 과정에서 기업은 지금보다 미래에 더 성장한다는 가정이 깔려있습니다.

또한 내가 매수한 가격이 적정했다는 가정 역시 중요합니다. 내가 매수한 가격이 버블의 끝자락에 주가가 비상식적으로 치솟은 이후라면 아무리 오랜 기간 기다린다 해도 내가 매수한 가격에는 영영 도달하지 못할 수도 있습니다.

하지만 대다수의 초보 투자자들은 이러한 것들은 무시한 채 내가 매수한 종목이 하락하면 처음에는 금방 회복할 거라는 기대감에, 그리고 하락 기간이 길어지면 언젠가는 상승할 것이라는 심정에 방관하는 자세를 취하게 됩니다.

주가는 기업의 가치에 따라 변하지만, 주식시장이 늘 이성적으로 기업의 가치를 주가에 반영하는 것은 아닙니다. 때로는 기업의 미래 가치를 현재 시점에 과도하게 반영해 주가를 크게 상승시키기도 합니다. 2000년 닷컴 버블 당시 인터넷 기업들의 주가가 수백 배 올랐던 것처럼 말이죠. 이런 상황에서 조건 없는 장기투자를 선택했다면 그 결과는 안타깝지만 큰 손실로 이어졌을 것입니다.

투자자가 염두에 둬야 하는 것은 투자 기간이 아닙니다. 단기투자는 나쁜 것이고, 장기투자는 좋은 것이라는 것도 투자자로서 피해야 할 고정관념이죠. 투자자가 주목해야 하는 것은 기업의 가치와 가격 사이의 괴리입니다. 내가 생각한 기업의 가치가 100인데 현재 가격이 50이라면, 언젠가 시장에서 그 가치를 알아줄 때까지 기다릴 수 있죠. 시장이 그 가치를 언제 알아봐 줄지는 예측하기 어렵습니다. 당장 내일 정부 정책이 발표되며 그 수혜주로 주목받아 단기간에 그 가치를 인정받을 수도 있고, 내가 생각한 것과는 반대로 시장에서는 그 가치를 영영 인정하지 않을 수도 있습니다.

결국 투자에 있어 단기투자, 장기투자라는 이분법적인 구분은 크게 도움이 되지 않을 수도 있습니다. 그보다 중요한 건 내가 생각하는 기업의 가치와 시장에서 책정된 현재 가격 사이의 괴리를 찾고, 그 괴리가 매워지면 기간이 단기든 장기든 상관없이 수익을 실현하고 다음 투자 기회를 찾는 것 아닐까요.

투자의 왕도
기록만이 살 길이다

세상의 많은 일은 과정보다 결과가 주목을 받습니다. 누군가가 무엇을, 얼마나 오랫동안 노력해왔는지보다는 그 결과가 어땠는지에 초점을 맞추죠. 가장 대표적인 예로 스포츠가 그렇습니다. 운동선수들은 4년마다 개최되는 올림픽에서 좋은 성적을 거두기 위해 피, 땀, 눈물을 쏟아냅니다. 국가대표로 선발되기 전의 노력까지 합치면 노력의 기간은 더 늘어납니다. 하지만 열심히 노력했다 하더라도 결과가 좋지 않으면 세상은 이를 기억해주지 않습니다.

스포츠를 예로 들었지만 사실 주식투자도 과정보다는 결과가 중요한 분야입니다. 투자의 과정에서 열심히 노력했다 하더라도 결과적으로 손해가 나면 내 자산은 줄어들기 때문입니다. 반대로 기업 분석을 열심히 하지 않고 지인의 추천으로 주식을 매수해 수익을 내면 결과적으로 내 자산도 늘어나고 수익을 낸 것이 곧 자신의 실력처럼 느껴집니다.

투자에 있어 과정의 노력이 결과로 이어지지 않는 것은 투자에는 '운'이라는 요소가 크게 작용하기 때문입니다. 기업의 창업자조차도 기업의 미래를 정확히 예측할 수 없습니다. 기업 경영에는 수많은 요인들이 복합적으로 작용하기 때문이죠. 게다가 주식투자로 수익을 내기 위해서는 기업 분석에 더해져 시장의 분위기도 중요합니다. 주식시장에 참여하고 있는 다른 투자자들이 어떤 기업을 좋게 볼 것인지, 모두가 매수하려고 하는지 아니면 매도하려고 하는지 등 다양한 요소들이 주가에 영향을 미치죠.

이렇다 보니 초보 투자자일수록 과정보다는 결과에만 집착하게 됩니다. 내가 주식을 매수한 뒤에 수익을 냈는지, 손실을 봤는지에만 초점을 맞추게 되죠. 이 때문에 자주 MTS(Mobile Trading System)를 실행해 주가를 확인하게 됩니다. 단기간의 주가 움직임을 예측하는 것은 소수의 트레이더만이 살아남는 투자법이지만, 결과에만 집착하다 보면 결과를 빨리 내고 싶은 마음에 매일 매일 주가의 움직임에 일희일비하게 되죠.

투자에 있어 과정이 결과를 보장하지는 않지만 과정에서 배우는 것들이 쌓이다 보면 투자에서 손실을 보지 않을 확률, 투자를 통해 수익을 낼 확률을 조금씩 높여갈 수 있습니다. 처음 투자를 시작할 때 주식은 사면 오르거나 내리거나 하는 50대 50의 확률 게임이라고 생각할 수 있지만, 한 기업을 분석하며 안전마진* 에 대해 고민하는 과정이 반복되면 주식을 싸

게 매수하는 시점과 매도해야 하는 시점에
대한 자신만의 관점이 생기게 됩니다. 관점
이 생긴다고 매수한 주식 모두에서 수익을
내지는 못합니다. 하지만 내가 매수하고 나
서 수익을 낼 확률을 50%에서 60%, 70% 이
렇게 점점 높여나갈 수는 있겠죠.

> **짚어보기 ✦ 안전마진** 가치투자의
> 아버지라 불리는 벤저민 그레이엄이
> 자신의 책 《현명한 투자자》에서 강조
> 한 개념으로 기업이 최악의 상황에서
> 도 낼 수 있는 수익을 바탕으로 계산
> 한 기업의 내재가치와 시가총액의 차
> 이를 말합니다. 안전마진이 크다는
> 건 이러한 괴리가 크다는 의미죠.

주식투자로 딱 하나의 기업만 매수해서 평생 보유하는 투자자는 아마 그
기업을 창업한 창업주밖에 없을 겁니다. 결국 주식투자는 한 기업에 대해
분석하면서 안전마진이 커지는 구간까지 인내하고, 내가 원하는 매수 가
격이 왔을 때 두려움을 물리치고 매수한 뒤 내가 생각하는 가치를 시장에
서 인정받을 때 주식을 매도하는 과정의 반복입니다.

수없이 반복되는 투자 행위를 처음부터 실수 없이 수행하는 투자자가 있
을까요? 투자 고수들 역시 시작은 모두 초보 투자자였습니다. 주식투자를
오래 했다고 해서 모두 투자 고수가 되는 것은 아닙니다. 투자를 오래 하
더라도 대부분의 투자자들은 초보 투자자로 남게 되죠.

그럼 어떻게 하면 초보 투자자가 자신의 투자 실력을 높여갈 수 있을까
요? 투자 실력을 높이기 위해서는 투자 과정에서 배움을 얻고 같은 실수
를 반복하지 않아야 합니다. 과정에서 배움을 얻기 위해서는 투자 과정을
철저히 기록으로 남겨야 합니다. 내가 주식을 매수하기 전부터 이 주식을

어떻게 분석했는지, 왜 투자하려 하는지, 현재 시장의 가격은 과거 기업의 역사를 기준으로 싼 가격대인지 비싼 가격대인지, 내가 매수한 주식이 하락할 때 나는 어떻게 대응할 것인지, 그리고 주가가 오른다면 나는 어느 가격대에 매도할 것인지 등 투자 과정에서 일어나는 수많은 고민과 행동 및 결과를 꼼꼼하게 기록으로 남겨야 합니다.

나의 투자 과정을 꼼꼼하게 기록하려면 자연스럽게 투자 종목 수가 줄어들게 됩니다. 하나의 기업에 대한 투자 과정을 제대로 남기는 것도 많은 시간과 노력이 필요하기 때문입니다. 또한 투자 과정에 대한 기록은 기억의 왜곡을 방지합니다. 사람들은 흔히 좋은 일은 더 좋게, 안 좋은 일은 덜 나쁘게 기억하는 경향이 있죠. 투자에서도 수익은 더 큰 것처럼 손실은 더 적은 것처럼 기억할 수 있습니다. 나의 투자를 모두 기록하면 이런 왜곡을 막을 수 있고, 실수를 저질렀다면 왜 그런 실수를 했는지, 실수하지 않으려면 다음에는 어떻게 해야 할지 고민할 수 있죠.

투자의 기록을 꼼꼼하게 남기는 것은 정말 어렵습니다. 어려운 주식시장에서 꾸준히 수익을 내는 투자 고수들이 많지 않은 이유이기도 합니다. 하지만 투자 고수가 된 사람은 한결같이 기록의 중요성을 언급합니다. 여러분도 오늘부터 기록을 남겨보는 건 어떨까요.

원칙을 지켜야 투자로 성공한다

요즘도 투자 관련한 인터넷 게시판에서 종종 볼 수 있는 워런 버핏(Warren Buffett)의 투자 원칙이 있습니다. 수십 년간 연평균 20%가 넘는 수익률을 기록하며 세계 10대 부자에 꼽힐 정도로 투자를 통해 큰 자산을 이룬 워런 버핏의 투자 원칙은 무엇일까요?

그의 투자 원칙은 간단했습니다. '원칙 1. 돈을 잃지 않는다. 원칙 2. 첫 번째 원칙을 무조건 지킨다.' 어떤가요? 세계 제일의 투자 고수가 말하는 원칙이라 기대했는데 조금 실망하지는 않았나요? 그의 투자 원칙은 투자에서 원금을 잃지 않는 것의 중요성을 강조하는 것으로 해석되지만, 이 간단한 투자 원칙도 지키는 것이 얼마나 어렵고 중요한지를 강조했다고도 해석할 수 있습니다.

앞에서 우리는 해외주식 투자에 있어 지켜야 할 중요한 투자 원칙에 대해 살펴봤습니다. 좋은 기업이라도 주가가 쌀 때 사야 한다는 것, 주식을 매수하기 전부터 주가가 하락했을 때 어떻게 대응할지 시나리오를 세워둬야 한다는 것, 단기 혹은 장기투자의 개념보다는 기업의 가치와 가격의 괴리에 주목해야 한다는 것, 그리고 투자의 모든 단계를 기록으로 남기는 것이었습니다.

주식투자 경험이 있는 사람들은 앞에서 설명한 간단한 원칙들이 사실은 지키기 매우 어려운 원칙이라는 것을 몸소 깨달았을 수도 있습니다. 언론에서 연일 좋은 기사가 나오면 참지 못하고 매수 버튼을 누른다거나, 기업에 대한 충분한 공부 없이 수익을 내겠다는 급한 마음에 주식을 사고파는 행동들 말이죠.

남들이 보기에 그럴싸한 투자 원칙들도 지키지 않으면 무용지물입니다. 앞서 살펴본 워런 버핏의 투자 원칙은 그래서 더욱 강력하고 의미가 있습니다. 아직 투자를 시작하지 않은 사람들, 혹은 이미 투자를 하고 있지만 자신만의 원칙을 정립하지 못한 사람이라면 이번 기회에 나만의 투자 원칙을 세워보세요. 남들에게 보여줄 원칙이 아니라 내가 투자하며 무조건 지킬 수 있는 나만의 원칙을 말이죠. 단순하지만 강력한 투자 원칙, 세계 최고 투자자인 워런 버핏은 그 원칙 하나로 세계 최고의 타이틀을 얻었다는 사실을 기억할 필요가 있겠습니다.

해외주식 계좌 개설하기

해외주식을 사고팔기 위해서는 해외주식을 거래할 수 있는 증권계좌가 필요합니다. 증권계좌가 하나도 없는 투자자라면 우선 증권계좌를 개설해야 합니다. 증권계좌는 증권회사의 영업점을 방문해 개설하거나, 스마트폰에서 증권사 계좌개설 앱을 다운받아 비대면으로 개설할 수도 있습니다. 비대면 계좌개설이 매매수수료 등에 있어 더 저렴한 수수료율을 적용받습니다. 또한 국내주식 투자를 위해 이미 개설한 증권계좌가 있다면 추가로 계좌를 개설하지 않고 해외주식 서비스를 신청해 기존 계좌를 활용할 수도 있습니다.

어느 증권사를 이용하여 해외주식을 거래할 것인지 고민한다면 크게 2가지를 비교해보기 바랍니다. 첫 번째는 해외주식 매매 시 발생하는 수수료, 그리고 두 번째는 거래의 편의성입니다.

해외주식을 사거나 팔 때는 증권회사에 크게 2가지 수수료를 지불하게 됩니다. 해외주식 매매수수료와 환전수수료입니다. 물론 환전수수료는 환전할 때만 발생합니다. 국내주식과 다르게 해외주식 매매수수료는 아직 높은 편이기 때문에 각 증권사별로 더 저렴한 수수료율을 제시하는 증권사가 어디인지 꼼꼼하게 비교하는 것이 좋습니다.

여기서 중요한 점은 증권사에서 최초로 계좌를 개설하는 사람에게는 파격적

◆ 해외주식 거래대금 상위 5개 증권사 해외주식 이벤트 적용 시 수수료율(2023년 3월 기준)

내용	키움증권	미래에셋증권	한국투자증권	나무증권 (NH투자증권)	삼성증권
기본 매매수수료	0.25%	0.25~0.3%	0.25%	0.25%	0.25%
수수료 이벤트 적용 시	0.07%	0.07%	1개월간 0%	0.09%	1개월간 0%
환전우대 이벤트 적용 시	환전우대 95%	1달러당 1원	환전우대 90%	환전우대 100%	환전우대 95%

인 수수료 할인 혜택을 제공해준다는 점입니다. 위의 표는 해외주식 거래대금 상위 5개 증권사의 미국 주식 매매 기본수수료와 생애 최초 계좌개설 이벤트 적용 시 받을 수 있는 수수료율을 정리한 것입니다. 이벤트 수수료율은 평생 적용이 아니라 증권사마다 적용 기간에 차이가 있다는 점은 유의해야 합니다.

매매수수료 못지않게 잘 따져봐야 하는 수수료가 바로 환전수수료입니다. 해외주식은 원화를 해외통화로 환전한 뒤 투자해야 하고 나중에 매도한 뒤에도 다시 환전해야 원화를 사용할 수 있습니다. 환전수수료는 각 증권사가 고시하는 고시환율에 일정 스프레드를 더하거나 빼는 방식으로 소비자들에게 부과합니다. 이때 해당 스프레드에서 얼마나 할인을 적용해줄 것인지가 바로 환전우대율이라는 개념입니다. 스프레드가 20원인데 우대율이 90%라면 소비자는 20원 중 18원이 할인되어 2원만의 환전수수료를 내게 됩니다.

어느 증권사의 환전수수료가 더 저렴한지 비교할 때 주의할 점은 단순 우대율로만 비교해서는 안 된다는 것입니다. 이는 증권사마다 기준으로 삼는 고시환율에 차이가 있기 때문입니다. 환전우대율이 똑같이 95%라 하더라도 A

증권사가 B 증권사보다 고시환율이 낮다면 달러를 매수할 때 A 증권사에서 매수하는 것이 더 유리할 수 있겠죠. 또한 환전수수료 이벤트 적용 기간도 평생이 아니라 1년 단위로 제공되는 경우가 많기 때문에 수수료 적용 기간도 꼼꼼하게 따져봐야 합니다.

해외주식 투자를 위해 거래할 증권사를 선택할 때 고민해야 할 또 다른 기준은 바로 거래의 편의성입니다. 해외주식을 거래할 때 증거금을 원화로 납부할 수 있는지, 주문 화면에서 실시간 무료 시세를 제공해주는지, 소수점거래는 가능한지, 주간거래(낮시간거래)가 가능한지 등을 비교할 수 있습니다.

사실 과거에는 증권사별로 제공하는 서비스에 차이가 컸습니다. 그래서 원화증거금도 일부만 시행했으며, 소수점거래 역시 제공하는 증권사가 드물었습니다. 하지만 2022년 증권사들이 해외주식 고객 확보를 위해 여러 편의를 제공하면서 최근에는 증권사별 차이가 줄어들고 있습니다.

증권사에서 제공하는 해외주식 서비스 중 가장 눈에 띄는 변화는 바로 실시간 무료 시세 제공입니다. 불과 2020년까지만 하더라도 많은 증권사가 해외주식 시세 제공 시 20분 지연 시세만을 무료로 제공하고, 실시간으로 시세를 확인하고 싶은 경우에는 추가 비용을 청구했습니다. 실시간 시세를 확인하기 위한 수수료가 아까운 투자자들은 울며 겨자 먹기로 야후 파이낸스와 같이 시세를 파악해볼 수 있는 다른 사이트를 통해 매매를 해야 했죠. 하지만 이제는 거의 대부분의 증권사에서 해외주식 실시간 시세를 무료로 제공하고 있습니다.

국내 투자자들의 해외주식 거래가 늘면서 생긴 또 다른 변화는 바로 증권사의 앱 통합입니다. 과거에는 국내주식과 해외주식을 별도의 앱으로 운영하는 증권사가 많았습니다. 해외주식 잔고를 보려면 해외주식 앱을, 국내주식 잔고를 보려면 국내주식 앱을 사용해야 했기에 투자자들은 자신의 전체 주식 자산을 관리하기가 매우 불편했죠. 하지만 이제는 국내주식과 해외주식 앱을 통합·제공하는 증권사들이 많아지면서 투자자들은 자신의 주식 포트폴리오 관리를 편리하게 할 수 있게 되었습니다.

◆ 키움증권 MTS 영웅문S#

◆ 미래에셋증권 MTS M-STOCK

2장 해외주식, 국내주식 투자와 무엇이 다른가

해외주식에 투자하는 건 국내주식에 투자하는 것과 무엇이 다를까요? 우리나라를 대표하는 인터넷 플랫폼 기업인 네이버, 카카오에 투자하는 것과 세계적인 인터넷 플랫폼 기업 구글에 투자하는 것은 비단 기업 자체의 차이만 있는 것이 아닙니다. 해외주식에 투자하게 되면 환율, 세금, 거래시간, 거래방법, 심지어 주가 차트의 색깔마저 다르죠. 이번 장에서는 해외주식 투자가 국내주식 투자와 어떤 점이 다른지 구체적으로 배워보겠습니다.

- 주가가 올랐는데도 손해가 난다? 환율
- 주식투자로 수익이 나면 세금을 내야 한다? 해외주식 양도소득세
- 해외주식 매매하려면 밤을 새워야 한다? 거래시간과 결제일
- 해외주식 사려면 1천만 원은 있어야 한다? 거래단위, 소수점거래
- 전 세계 주식을 다 살 수 있다? 해외주식 투자대상
- 차트가 빨간색이라 좋아했는데 하락했다? 등락표시법

📖 방과 후 과정 2 | 증권사의 통합증거금 및 환전수수료

주가가 올랐는데도 손해가 난다?
환율

2022년 미국 주식시장이 크게 하락하자 이를 기회로 생각한 야너주 씨. 해외주식 투자는 처음이지만 2021년 한 해 동안 지지부진했던 국내 주식 시장에서 벗어나 이번 기회에 미국 주식시장에 투자하고자 결심합니다. 그렇게 들뜬 마음에 증권계좌를 개설한 뒤 미국 주식 개장 시간에 맞춰 매수 주문을 하지만 매수 금액이 부족하다는 알림 창이 뜹니다. 분명 증권계좌를 개설하고 투자금을 이체했기 때문에 돈이 부족할 리 없는데 말이죠. 야너주 씨가 주식을 매수할 수 없었던 이유는 바로 원화를 달러로 환전하지 않았기 때문입니다.

국내 투자자들의 해외주식 투자가 크게 늘어나자 최근에는 많은 증권사에서 환전 과정을 거치지 않고도 원화로 바로 해외주식 주문이 가능한 통합증거금* 서비스를 제공하고 있습니다.

통합증거금 서비스는 증권사가 투자자에게
원화로 해외주식을 바로 주문할 수 있도록 편
의성을 제공해준 것이지만, 그렇다고 환전 과

짚어보기 ★ **통합증거금** 해당 서
비스에 대한 자세한 설명은 66쪽의
<방과 후 과정 2>를 참고하세요.

정이 생략된 것은 아닙니다. 단지 해당 서비스를 이용하게 되면 증권사가
투자자 대신 환전을 대행해준 것일 뿐이죠. 즉 해외주식에 투자하려면 내
가 직접 환전을 하거나 아니면 증권사가 대신 환전을 해줘야 합니다.

해외주식 투자에 환전 과정이 필수적이라는 건 2가지가 발생한다는 의미
입니다. 바로 환전수수료와 환율의 차이인데요. 먼저 환전수수료는 말 그
대로 환전을 위해 내가 증권사에 지불하는 수수료를 뜻합니다. '외화를 살
때 지불해야 하는 금액'과 '외화를 팔 때 받을 수 있는 금액'이 달랐던 경험
많이 해봤을 텐데요. 각각의 증권사들은 환전에 있어 기준으로 삼는 고시
환율에 일정한 수수료를 더해 투자자들에게 환전 서비스를 제공합니다.
따라서 해외주식 투자 전 각 증권사의 환전수수료를 비교해보는 것은 필
수입니다.

하지만 환전수수료보다 더 주의해야 하는 것이 있습니다. 바로 환율입니
다. 환율이란, 한 나라의 통화를 다른 나라의 통화와 교환하는 비율입니
다. 우리나라에서는 환율에 대해 설명할 때 달러당 원화의 가치를 나타내
는 원달러 환율을 가장 많이 떠올리죠. 미국 주식에 투자하려면 달러가 필
요한 것처럼 유럽 주식에 투자하려면 유로화가, 중국 주식에 투자하려면
위안화, 일본 주식에 투자하기 위해서는 엔화가 필요합니다.

◆ 환율 변동에 따른 투자 수익 변화 예시

	1년 뒤 환율 하락 (1달러=1,100원)	투자 시점 환율 (1달러=1,200원)	1년 뒤 환율 상승 (1달러=1,300원)
투자한 주식 가격	1,000달러	1,000달러	1,000달러
투자 수익 변화 (원화 기준)	1,100,000원 (10만 원 손해)	1,200,000원	1,300,000원 (10만 원 수익)

문제는 환율 또한 주식처럼 늘 변한다는 데 있습니다. 그리고 이러한 환율의 변화는 해외주식 투자를 더 어렵게 만드는 요소이기도 합니다. 위의 예시는 1달러를 1,200원으로 환전해 해외주식에 투자하고 1년 뒤 투자한 주식의 가격은 그대로인데 환율만 변화했을 때 투자 수익이 어떻게 변하는지를 나타낸 것입니다. 편의상 투자한 주식의 가격은 투자 시점과 1년 뒤 가격을 동일하게 1,000달러라고 가정했습니다.

1달러를 원화 1,200원에 환전하여 1,000달러짜리 주식에 투자한 야너주 씨. 1년 뒤 주식 가격은 그대로 1,000달러였기 때문에 달러를 기준으로 수익률을 계산하면 이익도 손해도 나지 않은 본전 상황이었습니다. 하지만 원화를 기준으로 수익률을 표시하면 어떻게 될까요? 먼저 환율이 하락하여 1달러가 1,100원이 되었다면 주식 가격은 그대로임에도 불구하고 원화 기준으로 약 8%인 10만 원의 손해가 발생했습니다. 반면 환율이 상승하여 1달러당 1,300원이 되었다면 야너주 씨는 8%인 약 10만 원의 수익이 나타나게 되죠.

아주 간단한 예시지만 투자자들에게 시사하는 바는 분명합니다. 해외주식 투자에는 주식의 가격 변동뿐만 아니라 환율의 변동까지도 고려해야 한다는 것이죠. 하지만 환율을 예측하는 것은 주가를 예측하는 것만큼이나 어렵습니다. 환율에는 두 나라의 경제 상황이 종합적으로 반영되어 변화하기 때문이죠.

환율의 변화를 예측하는 것이 어렵다면 해외주식에 투자해서는 안 될까요? 그렇지는 않습니다. 다만 다음의 사항에 주의해 투자해야 합니다.

먼저 투자대상 국가가 개발도상국일수록 환율의 변화에 특히 유의해야 합니다. 전 세계에서 다양한 서비스와 상품의 결제수단으로 사용되는 달러화나 달러화만큼은 아니지만 역시 국제적으로 사용비율이 높은 유로화, 엔화, 위안화의 경우에는 환율 변동이 상대적으로 적습니다. 반면 개발도상국의 통화가치는 위기가 발생할 때마다 큰 폭의 변동성을 보입니다. 2022년 미국 연준이 기준금리를 가파르게 인상하자 부채비율이 높고 경제 구조가 취약한 개발도상국들이 디폴트(채무불이행)를 선언하거나 환율이 크게 상승하는 모습을 보였죠. 대표적으로 아시아의 스리랑카, 남미의 아르헨티나, 유럽의 튀르키에 환율이 큰 폭의 하락세를 보였습니다.

또한 선진국의 통화라도 환율은 늘 변한다는 사실을 기억해야 합니다. 2022년 미국의 중앙은행이 기준금리를 가파르게 인상한 반면, 유럽 중앙은행과 일본 중앙은행은 기준금리 인상에 소극적인 모습을 보이면서 전 세계 통화 대비 달러의 가치가 급격하게 상승하는 모습을 보였습니다. 유로화가 출범한 지 20년 만에 유로화 대비 달러의 가치가 가장 높은 모습이 연출되기도 했죠. 2000년대 초반 1유로는 1.5달러 이상의 가치를 지녔던 반면 2022년 8월 '1유로=1달러'로 환율이 변한 것입니다.

하지만 이러한 환율 변동은 오히려 국내 투자자들에게는 자산을 배분하는 포트폴리오 효과* 를 주기도 합니다. 원달러 환율은 국내 주식시장의 움직임과는 반대 방향으로 움직이는 역의 상관관계를 보여왔기 때문이죠. 내 자산이 100% 원화로만 구성되어 있다면 국내 주식시장이 하락할 때 이러한 하락을 피할 수 없습니다. 하지만 나의 자산 중 일부가 달러로 표시된 자산에 투자되어 있다면 국내 주식시장이 하락해도 원달러 환율이 상승하면서 달러 표시된 자산의 수익률이 내 자산의 하락을 방어해주는 역할을 할 수 있죠.

> **짚어보기 ✎ 포트폴리오 효과** 투자금을 여러 자산에 분산 투자할수록 포트폴리오의 전체 위험이 낮아지는 효과로 분산효과라고도 말합니다. 원화와 달러화로 투자한 투자자의 전체 위험도가 원화 자산에만 투자한 투자자의 위험도보다 낮아지는 현상을 말하죠.

환율에 대해 설명하다 보니 길어졌는데요. 중요한 것은 해외주식 투자를 고려할 때는 환율의 변동에 따라 내 수익률 또한 변한다는 사실을 인지하고 투자를 시작해야 한다는 것입니다.

주식투자로 수익이 나면 세금을 내야 한다?

해외주식 양도소득세

주식투자를 통해 수익이 발생하게 되면 크게 3가지 세금이 부가됩니다. 증권거래세, 배당소득세, 그리고 양도소득세죠. 이 중에서 증권거래세와 배당소득세는 투자자가 별도로 신고하는 것이 아니라 매매 시 혹은 배당금 수령 시 자동으로 원천징수되기 때문에 크게 신경 쓸 필요가 없습니다. 하지만 양도소득세의 경우에는 해외주식 투자 시 국내주식과 달리 별도로 신고해야 합니다. 지금부터 주식투자에서 언급되는 세금에 대해 하나씩 살펴보겠습니다.

먼저 증권거래세는 말 그대로 주식을 거래할 때 내는 세금입니다. 주식을 매도할 때 증권거래세가 차감된 금액이 자동으로 계좌에 입금되기 때문에 투자자가 크게 신경 쓸 필요는 없습니다. 세계적으로도 증권거래세는 폐지되거나 있더라도 낮은 세율이 적용되는 편입니다. 일본, 싱가포르, 독일, 프랑스, 이탈리아 등은 증권거래세가 없는 반면 미국은 매도 시 0.00229%를 SEC Fee(Securities and Exchange Commission Fee, 증권거래위원회 수수료)로 부과합니다. 중국은 매도 시 0.1%를, 홍콩은 매수 또는 매도 시 0.13%를, 베트남은 매도 시 0.1%를 증권거래세로 부과하죠. 국내주식의 증권거래세가 2022년에는 0.23%, 2023년에는 0.20%, 2025년에는 0.15% 부과되는 것을 감안하면 해외주식 증권거래세가 국내주식보다 낮은 것을 확인할 수 있습니다.

두 번째는 배당소득세입니다. 해외주식에 투자하여 배당금을 받게 될 때 납부하게 되는 세금입니다. 배당소득세 역시 지급 시 해당 국가의 세율로 원천징수된 후 국내 투자자의 계좌에 입금됩니다. 배당소득세율 또한 나라마다 다른데요. 대표적으로 미국은 15%, 일본은 15.315%, 중국은 10%이며, 홍콩, 베트남, 싱가포르 등은 배당소득세가 없습니다. 해외에서 먼저 원천징수되더라도 국내 배당소득세율인 14%(지방소득세 1.4% 별도)보다 낮을 경우 추가적으로 국내에서 세금을 징수합니다. 복잡해 보이지만 배당소득세 역시 원천징수 후에 투자자에게 입금되기 때문에 투자자가 별도로 신고할 필요는 없습니다. 다만 배당소득세가 다른 금융소득과 합산하여 2천만 원을 초과할 경우 금융소득종합과세 대상이 된다는 점은 유의해야겠죠.

마지막은 양도소득세입니다. 양도소득세 관련 사항이 해외주식 투자와 국내주식 투자의 가장 큰 차이점입니다. 국내주식 투자자들의 경우 지금까지는 대주주 요건*에 해당하지 않으면 양도소득세를 납부하지 않았습니다. 주식투자로 1천만 원을 벌든, 1억 원을 벌든 대주주 요건만 회피한다면 이러한 차익에 대해 별도의 세금을 부과하지 않았죠. 하지만 2023년부터는 국내주식 투자에도 금융투자소득세가 도입될 예정이었습니다. 주식,

짚어보기 ✦ 대주주 요건 국내 주식의 대주주 요건은 코스피의 경우 10억 원 이상 또는 지분율 1% 이상을 소유한 경우, 코스닥 시장은 10억 원 이상 또는 지분율 2% 이상을 보유한 경우를 말합니다.

채권, 펀드 등 금융투자로 발생한 수익이 5천만 원을 초과할 경우 이에 대해 세금을 부과하는 것이 골자였지만, 이러한 금융투자소득세는 2025년 도입으로 2년 유예되었습니다.

반면 해외주식의 경우에는 같은 해 발생한 해외주식 매매차익과 손실을 합산하여 다음 해 5월 양도소득세를 신고·납부해야 합니다. 원칙적으로는 손실이 있었다 하더라도 양도소득세 신고는 해야 하는 것이죠. 다만 양도소득세의 기본 공제금액이 250만 원이기 때문에 차익과 손실을 합산한 금액이 250만 원 이하인 경우라면 납부해야 할 세금은 없습니다. 반면 250만 원을 초과한다면 양도소득세 20%(지방세 2% 별도)를 신고하고 납부해야 합니다.

양도소득세 신고는 매년 5월 국세청 홈페이지인 홈택스에서 직접 신청할 수 있습니다. 양도소득세 신고 자체가 어려운 것은 아니지만 해외주식 매매를 많이 한 경우라면 국세청에 제출해야 하는 내용도 많아집니다. 각 증권사에서는 양도소득세 신고에 필요한 주요 내용들을 다운로드할 수 있도록 제공하고 있습니다. 또한 최근에는 해외주식 양도소득세 신고를 무

료로 대행해주는 서비스를 제공하는 증권사도 늘어나고 있죠.

지금까지 해외주식 투자 시 마주하게 될 세금 3가지에 대해 알아보았습니다. 증권거래세와 배당소득세는 자동으로 원천징수된다는 것, 그리고 양도소득세의 경우에는 해외주식 매매 후 다음 해 5월에 신고 및 납부 의무가 있다는 점을 기억하세요.

◆ 국세청 홈텍스 양도소득세 신고 화면(www.hometax.go.kr)

해외주식 매매하려면 밤을 새워야 한다?

거래시간과 결제일

미국 주식에 투자해본 투자자라면 한 번쯤은 졸린 눈을 부여잡고 미국 주식시장이 열리는 늦은 밤까지 기다렸던 경험이 있을 텐데요. 해외 주식시장은 해당 국가의 현지 시간에 맞춰 개장하기 때문에 국내 주식시장과는 거래시간이 다릅니다.

해외주식 매매 시 유의해야 하는 것은 거래시간만이 아닙니다. 결제일도 나라별로 다르기 때문에 주의가 필요하죠. 우리나라의 경우 주식 결제일이 매매일 기준 2영업일 후에 이루어집니다. 간단히 말하면 주식을 사거나 판 뒤에 돈을 지불하거나 받는 날이 2영업일 뒤라는 뜻이죠. 반면 해외주식의 경우 결제일이 매매일 기준 1영업일 뒤인 국가도 있고, 매매일 기준 3영업일 후인 나라도 있습니다.

여기에서는 해외주식 거래에 있어 꼭 알아야 할 국가별 거래시간과 결제일을 정리해보도록 할게요.

먼저 미국 주식시장의 경우 다른 나라와 달리 정규장 이전에 거래 가능한 프리마켓이 존재한다는 특이점이 있습니다. 전 세계 상장 주식시장에서 50% 정도의 비중을 차지하는 국가이다 보니, 미국 이외 국가에서 거래할 때의 편의성을 위해 프리마켓 제도를 운영하고 있습니다. 정규장에 비해 거래가 많은 편은 아니지만 프리마켓에서도 여전히 거래는 가능합니다. 미국의 정규장은 우리나라 시간 기준으로 밤 11시 30분에 거래가 시작됩니다. 장 마감은 다음 날 새벽 6시에 이루어지죠. 서머타임이 적용되면 장 시작과 마감이 모두 1시간씩 앞당겨집니다. 또한 미국 주식은 매매일 기준으로 3영업일 뒤에 실제 결제가 이루어집니다.

중국과 홍콩, 일본, 베트남 등 아시아 주식시장의 특징은 장이 오전과 오후로 구분되어 있다는 것입니다. 국내 주식시장은 점심시간 휴장이 없지만 이들 국가들은 점심시간에 1시간 또는 1시간 30분가량 휴장되었다가 다시 오후 장으로 개장되는 것이죠. 중국 주식의 결제일은 매매일로부터 1영업일 뒤인 반면, 홍콩이나 일본은 2영업일 뒤, 베트남 주식은 3영업일 뒤이기도 합니다.

유럽의 경우 국가별로 거래시간이 다르지만, 대표적인 유럽 주식시장인 독일, 프랑스, 영국의 경우 우리나라 시간으로 오후 5시에 개장해 다음 날

◆ 국가별 주식 거래시간 및 결제일

국가	프리마켓	정규장 거래시간 (국내기준)	결제일 (국내기준)
미국	18:00~23:30 (서머타임 17:00~22:30)	23:30~익일 06:00 (서머타임 22:30~익일 05:00)	3영업일 후
중국	-	오전 장 10:30~12:30 오후 장 14:00~16:00	1영업일 후
홍콩	-	오전 장 10:30~13:00 오후 장 14:00~17:00	2영업일 후
일본	-	오전 장 09:00~11:30 오후 장 12:30~15:00	2영업일 후
베트남	-	오전 장 호치민 11:15~13:30 하노이 11:00~13:30 오후 장 15:00~16:45	3영업일 후
독일, 영국, 프랑스	-	17:00~익일 01:30 (서머타임 16:00~익일 00:30)	3영업일 후

새벽 1시 30분에 폐장하게 됩니다. 결제일은 매매일 기준으로 3영업일 후입니다.

여기서 잠깐! 미국과 중국은 대부분의 증권사 결제일이 동일하지만 유럽의 경우에는 증권사별로 결제일이 다른 경우가 많습니다. 따라서 투자자가 이용하는 증권사의 해외주식 결제일을 꼭 확인해야 매수금이 부족한 상황을 사전에 대비할 수 있습니다.

유럽 주식시장은 우리나라 시간으로 오후에 거래되지만, 미국 주식시장의 경우에는 우리나라와 시간이 정반대이기 때문에 미국 주식을 거래하기 위해서는 늦은 밤 또는 이른 새벽까지 깨어 있어야 합니다. 이러한 불편을 해소하기 위해 국내 몇몇 증권사에서는 미국 주식을 낮시간에도 거래할 수 있도록 미국 주식 주간거래 서비스를 제공하고 있기도 합니다. 주간거래의 경우 복수의 유동성 공급자들이 거래 가능하도록 유동성을 공급지만 정규장과 비교할 경우 거래량이 적고 거래할 수 있는 종목의 수도 제한적이라는 단점이 있습니다.

해외주식 사려면 1천만 원은 있어야 한다?
거래단위, 소수점거래

인구가 많아 탄탄한 내수시장이 존재하고 경제 규모에 비해 성장률도 높은 중국을 눈여겨본 야너주 씨. 본격적인 투자를 집행하기에 앞서 주가의 움직임을 관찰하기 위해 관심 기업을 1주만 매수하려고 합니다. 투자에 들뜨지 않고 천천히 접근하는 모습이 바람직하죠? 1주를 매수하기 위해 필요한 금액만큼만 위안화로 환전도 하고, 중국 주식시장 거래시간에 맞춰 주문도 넣었는데 막상 주문이 체결되지 않습니다. 무슨 이유일까요? 바로 거래단위의 문제였습니다. 중국 주식의 경우 거래단위가 1주가 아닌 100주를 기본으로 하기 때문입니다.

위의 야너주 씨 사례처럼 해외주식 매매에 있어 국내주식 투자와 다른 점은 각 주식시장별 최소 거래단위가 존재한다는 점입니다. 국내주식의 경우 2014년 6월부터 최소 거래단위가 1주로 변경되면서 1주 단위의 매매가 당연하게 받아들여지고 있죠. 이 때문에 국내주식 투자만 하다 해외주식 투자로 확대하는 투자자들은 해외 주식시장에 존재하는 최소 거래단위에 당황하게 됩니다.

최소 거래단위는 국가별로 다르지만 대체로 아시아 시장에는 최소 거래 단위가 존재하고, 유럽이나 북미의 경우 최소 거래단위가 1주입니다. 먼저 중국 증시의 경우 후강퉁, 선강퉁 모두 최소 거래단위가 100주입니다. 중국거래소에 상장된 상해 B/심천 B 주식을 거래할 때도 최소 거래 단위인 100주가 적용되죠. 반면 홍콩의 경우 종목별로 최소 50주에서 최대 1만 주까지 차이가 존재합니다. 증권사 HTS(Home Trading System) 혹은 MTS 매매 화면에서는 대부분 최소 주문단위를 알려주는데, 가장 일반적으로 사용되는 최소 단위는 1,000주입니다.

중국 외에 일본, 싱가포르, 베트남, 대만 등도 최소 거래단위가 존재합니다. 일본은 홍콩처럼 종목에 따라 최소 거래단위가 다릅니다. 그 외 국가들은 싱가포르의 경우 100주, 인도네시아 100주(1Lot), 베트남 100주 등입니다. 반면에 최소 거래단위가 1주인 국가들로는 미국, 영국, 독일, 프랑스, 네덜란드 등이 있습니다.

하지만 최소 거래단위가 1주라 하더라도 거래에 제약이 없는 것은 아닙니다. 1주 자체가 고가인 주식이 많은 미국 주식시장의 경우는 특히 그렇습니다. 워런 버핏이 운영하는 버크셔 해서웨이의 경우 Class A 1주당 가격이 40만 달러가 넘습니다. 단순 환율을 1,200원으로만 계산해도 1주의 가격이 5억 원에 달하죠. 주식 1주를 매매하기 위해 필요한 금액이 5억 원이라니 웬만한 자산가가 아니면 쉽게 투자하기 어렵겠죠.

버크셔 해서웨이뿐만 아니라 미국에 상장된 주식의 경우 1주당 가격이 높은 경우가 많습니다. 최근 액면분할을 하면서 주가가 낮아진 애플, 테슬라, 아마존, 구글 등 미국 빅테크 기업의 주식 가격도 2020년, 2021년에는 1,000달러가 넘었었죠. 이런 상황에서 출시된 증권사의 서비스가 있습니다. 바로 소수점거래 제도입니다.

해외주식 소수점거래란 1주당 가격이 고가인 해외주식을 소수점 단위로 쪼개서 매매할 수 있도록 하는 서비스입니다. 1주당 가격이 높은 주식에 적은 금액으로도 투자할 수 있다는 장점이 있어 많은 해외주식 투자자들 사이에서 인기가 높습니다. 다만 해외주식 소수점거래의 경우 증권사별 매매 가능한 종목 수도 다르고, 실시간 매매 가능 여부, 수수료 등 여러 가지 면에서 다르기 때문에 꼼꼼히 비교해보는 것이 필요합니다.

해외주식 주문의 최소 기본단위를 알고 있다면 투자금의 효율적인 분배가 가능해집니다. 예를 들어 1억 원의 투자금으로 중국 주식에 50%, 미국 주식에 50% 투자를 계획한 야뉴주 씨가 있다고 가정해볼게요. 원래 계획대로라면 중국 주식에 5천만 원, 미국 주식에 5천만 원을 투자해야 합니다. 하지만 투자하려는 중국 주식의 최소 거래단위가 100주이기 때문에 중국 주식 1주당 가격이 20만 원이라면 해당 주식 매수 시 100주, 200주, 300주에 투자할 수 있습니다. 100주를 매수하려면 2천만 원이, 200주는 4천만 원, 300주는 6천만 원이 필요하게 되죠. 따라서 야너주 씨는 해당 주식을 200주만 매수해서 4천만 원을 투자하고 남은 금액은 미국 주식에 투자할지, 아니면 남은 1천만 원으로 투자할 수 있는 다른 중국 주식을 찾을 것인지 결정해야겠죠. 반면에 미국 주식 혹은 유럽 주식에만 투자를 고민하고 있다면 좀 더 세밀한 자산배분이 가능해지겠죠. 이는 최소 거래단위가 1주이기 때문에 가능한 부분이기도 합니다.

☀️ 여기서 잠깐

후강퉁, 선강퉁이란

후강퉁이란 홍콩거래소를 통해 상해거래소에 상장된 중국 A 주식을 매매하는 제도입니다. 선강퉁은 홍콩거래소를 통해 선전거래소에 상장된 중국 A 주식을 매매하는 것을 말하죠. 후강퉁, 선강퉁 모두 외국인의 투자가 제한된 중국 A 주식 투자를 홍콩거래소를 통해 외국인에게도 거래할 수 있도록 만들어준 제도입니다. 중국 주식이지만 홍콩거래소를 통해 거래하기 때문에 홍콩거래소가 휴장일 경우에는 중국 주식시장이 휴장이 아니더라도 거래할 수 없습니다.

전 세계 주식을 다 살 수 있다?
해외주식 투자대상

우리가 해외주식에 투자한다고 생각하면 흔히들 미국 주식 투자를 떠올리게 됩니다. 실제로 한국예탁결제원이 집계하는 외화증권 보관금액을 살펴보면 국내 투자자들이 보유한 해외기업은 1위부터 20위까지 미국 기업이 18개, 일본 기업이 2개를 차지하고 있습니다.

이처럼 국내 투자자들의 해외주식 투자가 미국 주식에 편중되어 있는 이유는 무엇일까요? 가장 중요한 이유는 세계적인 혁신 기업의 상당수가 미국 기업이기 때문일 것입니다. 실제로 다음의 표에 나와 있는 순매수 상위 종목들은 테슬라, 애플, 구글(알파벳), 마이크로소프트, 엔비디아, 아마존과 같은 미국을 대표하는 대형 기술주들이 포함되어 있죠.

국내 투자자들이 미국 주식을 선호하는 또 다른 이유는 대부분의 증권사

◆ 외화증권 보관금액 상위 20(2022년 9월 30일 기준)

순위	국가	종목명	보관금액(US달러)
1	미국	테슬라	13,250,921,581
2	미국	애플	4,304,095,110
3	미국	알파벳(구글) 클래스 A	1,840,006,169
4	미국	마이크로소프트	1,786,960,529
5	미국	엔비디아	1,722,784,412
6	미국	ProShares UltraPro QQQ ETF(TQQQ)	1,507,569,008
7	미국	아마존	1,211,201,477
8	미국	Invesco QQQ Trust SRS 1 ETF(QQQ)	1,129,480,478
9	미국	SPDR S&P500 ETF TRUST(SPY)	972,349,721
10	미국	Direxion Daily Semiconductors Bull 3X(SOXL)	683,322,851
11	미국	Vanguard S&P500 ETF(VOO)	539,358,696
12	미국	루시드	416,712,683
13	미국	ProShares UltraPro Short QQQ ETF(SQQQ)	397,377,617
14	미국	메타	380,915,718
15	미국	ASML HOLDING NV ADR	375,598,513
16	미국	해즈브로	375,500,967
17	일본	카도카와	308,224,637
18	미국	월트디즈니	293,886,153
19	일본	골드윈	290,931,910
20	미국	ProShares Ultra QQQ ETF(QLD)	283,988,982

※ 출처: 한국예탁결제원 증권정보포털 SEIBRO

에서 제공하는 해외주식 서비스가 미국 시장 위주로 되어 있기 때문입니다. 해외 주식시장은 미국과 아시아뿐만 아니라 유럽, 중동, 남미 등 전 세계에서 기업이 활동하는 곳이면 대부분 존재합니다. 그렇지만 국내 투자자가 이들 해외기업에 모두 직접 투자할 수 있는 것은 아니죠.

대표적인 예로 반도체 생산에 필요한 장비를 만드는 네덜란드 회사 ASML을 들 수 있습니다. 국내 주식시장에서 반도체 산업이 차지하는 비중이 워낙 크기도 하고, 언론에도 자주 언급되면서 투자자라면 한 번쯤은 들어봤을 기업이 ASML입니다. ASML은 반도체를 만드는 8대 공정 중 하나인 노광공정에 들어가는 EUV(극자외선) 장비를 세계에서 유일하게 제작할 수 있는 기업입니다. 이 때문에 삼성전자, TSMC 등 관련 기업들에게는 '슈퍼을'이라 불리기도 하죠.

ASML은 네덜란드에 본사를 둔 기업이기 때문에 ASML에 직접 투자하기 위해서는 네덜란드 주식 매매 서비스를 제공하는 증권회사를 찾아가야 합니다. 하지만 대부분의 증권회사는 유럽 국가 중에서도 영국, 프랑스, 독일과 같은 일부 국가들에 한해 온라인 매매가 가능하고, 그 외 국가들의 경우 주식 매매를 위해서는 직접 전화로 주문을 넣어야 합니다.

그렇다면 투자자들이 ASML에 투자하는 방법은 네덜란드 주식시장을 거치는 게 유일한 방법일까요? 그렇지는 않습니다. ASML의 주식은 미국 주식시장에서도 거래할 수 있도록 미국 증시에 ADR* 이란 형태로 상장해두었습니다. 따라서 투자자들은 네덜란드 거래소가 아닌 미국 거래소를 통해서 ASML 주식을 매매할 수 있죠.

이처럼 미국 주식시장에는 혁신적인 미국 기업들뿐만 아니라 전 세계를 무대로 활동하는 다국적 기업들의 ADR도 상장되어 있기 때문에 투자자들이 선택할 수 있는 투자대상이 무궁무진합니다.

짚어보기✦ ADR American Depositary Receipt의 약자로 미국 주식 예탁증서를 뜻합니다. 다국적 기업이 해외 증권거래소에 주식을 상장할 경우 원주는 본국에 보관하는데, 이러한 원주에 대한 소유권을 나타내는 증서를 해외 주식시장에 상장시키는 것을 DR(Depositary Receipt), 즉 예탁증서라고 부릅니다. 이러한 DR 중에서 미국 증시에 상장된 증서를 ADR이라고 부르죠.

그렇다면 국내 투자자들이 투자할 수 있는 국가는 얼마나 될까요? 해외주식 거래가 많은 7개 증권사의 평균치를 정리해보면 온라인 주문으로 매수할 수 있는 국가는 평균 8개, 오프라인으로 주문할 수 있는 국가는 평균 24개였습니다.

✦ 증권사별 해외주식 주문 가능 국가

증권사	온라인	오프라인	온라인 거래 가능 국가
삼성증권	14개	30개	미국, 중국, 홍콩, 일본, 베트남, 싱가포르, 인도네시아, 대만, 독일, 영국, 프랑스, 네덜란드, 벨기에, 포르투갈
미래에셋증권	10개	24개	미국, 중국, 홍콩, 일본, 베트남, 인도네시아, 싱가포르, 독일, 영국, 캐나다
키움증권	10개	10개	미국, 중국, 홍콩, 일본, 인도네시아, 싱가포르, 독일, 프랑스, 영국, 이탈리아
NH투자증권	9개	27개	미국, 중국, 홍콩, 일본, 베트남, 인도네시아, 호주, 독일, 영국
신한투자증권	6개	27개	미국, 중국, 홍콩, 일본, 베트남, 인도네시아
한국투자증권	5개	24개	미국, 중국, 홍콩, 일본, 베트남
KB증권	5개	27개	미국, 중국, 홍콩, 일본, 베트남
대신증권	4개	13개	미국, 중국, 홍콩, 일본
유안타증권	4개	5개	미국, 중국, 홍콩, 대만
메리츠증권	4개	15개	미국, 중국, 홍콩, 일본

차트가 빨간색이라 좋아했는데 하락했다?
등락표시법

'주가가 상승하면 빨간색, 하락하면 파란색.' 이 정도 지식은 국내주식에 한 번이라도 투자해본 투자자라면 알고 있는 투자의 기본 상식입니다. 하지만 미국이나 영국의 경우 빨간색은 하락을, 초록색은 상승을 나타낸다는 것 알고 있나요?

이같이 국가에 따라 상승과 하락을 나타내는 색깔이 달라진 데에는 여러 가지 해석이 존재하지만, 그중에서 가장 널리 알려진 것은 바로 문화적인 차이에서 비롯됐다는 설명입니다.

먼저 미국이나 영국, 혹은 영국 문화의 영향을 받은 홍콩, 호주 등의 국가에서 빨간색은 곧 Blood(피)를 의미해 두려운 것, 부정적인 것이란 인식이 강했습니다. 그래서 미국에서는 주식시장이 큰 하락을 나타낼 때 주가가 피를 흘린다는 의미로 'Bloody Day'라고 표현하곤 하죠.

이와 반대로 서양에서 파란색(Blue)은 꽤 긍정적인 혹은 좋은 것을 의미합니다. 주가가 장기간 상승하는 대형 우량주를 블루칩(Blue Chip)이라고 표현하는 것에서도 이를 찾아볼 수 있죠. 대형 우량주에 대해 왜 서양사람들이 블루칩이라고 표현했는가에는 여러 가지 설이 존재합니다. 카지노에서 현금 대신 사용하는 칩 중 파란색이 가장 비싼 칩이기 때문에 좋은 기업의 주식을 블루칩이라고 칭했다는 설이 가장 유력합니다.

이러한 문화적 배경하에 미국과 영국, 독일, 프랑스, 홍콩 등에서는 상승을 녹색, 반대로 하락은 빨간색으로 표시하게 되었습니다. 반대로 우리나라와 일본, 중국 등 아시아 국가들 대부분은 주가가 상승하면 빨간색, 하락하면 파란색으로 표시합니다. 그 이유는 일본과 중국, 우리나라 모두 빨간색이 긍정, 열정, 도전, 상승, 부 등을 의미하기 때문입니다.

이유야 어쨌든 해외주식에 투자하려는 투자자라면 미국 주식의 경우 빨간색 차트는 주가 하락을, 초록색 혹은 파란색 차트는 주가 상승을 의미한다는 사실 꼭 기억해야 합니다.

◆ 야후 파이낸스에서 조회한 S&P500 차트(초록색은 주가 상승을, 빨간색은 주가 하락을 의미)

◆ 네이버에서 조회한 코스피 차트(빨간색은 주가 상승을, 파란색은 주가 하락을 의미)

증권사의 통합증거금 및 환전수수료

통합증거금에 대해서 이해하려면 먼저 증거금이란 말부터 이해하고 넘어가야 합니다. 증거금이란 주식을 매수하기 위해 증권사에 내는 계약금이라고 이해하면 쉽습니다. 주식을 매수하면 매수한 날의 2영업일 뒤에 매수자는 매매대금을 지급하고, 매도자는 주권을 매수자에게 양도하죠. 이를 결제일이라고 표현합니다. 즉 매수자는 매매일이 아니라 결제일에 실제 주식을 매수한 돈이 필요하겠죠. 그렇다면 매매일에 잔고가 하나도 없어도 주식을 매수할 수 있을까요? 그렇지는 않습니다. 바로 이때 증거금이 필요한 것이죠.

그렇다면 통합증거금이란 무엇일까요. 통합증거금이란 국내주식 및 해외주식 매매에 있어서 거래통화 이외의 통화를 예수금이나 주문가능 금액으로 사용하여 주식 거래를 가능하게 하고, 결제일에 필요한 금액만큼 자동으로 환전하는 제도를 말합니다.

예를 들어 통합증거금 제도를 활용하여 국내주식을 매도한 뒤 같은 날 매도한 원화로 해외주식을 매수하는 상황을 가정해보겠습니다. 국내주식을 매도하면 매도금액만큼이 주문가능 금액으로 계좌에 잡힙니다. 통합증거금 제도를 사용하면 이 돈을 따로 환전 신청하지 않아도 해당 금액으로 해외주식 매수주문을 할 수 있죠. 단, 여기서 매수한 주식의 결제일이 매도한 주식의 결제일보다 더 길거나 최소한 같아야 가능합니다.

영업일	2영업일 후(국내주식 결제일)	3영업일 후(미국 주식 결제일)
국내주식 100만 원 매도 미국 주식 50만 원 매수	국내주식 100만 원 매도금액 입금	원화 예수금 100만 원 중 50만 원 자동 환전 남은 예수금 50만 원

해외주식 매매 시 내가 환전하지 않아도 자동으로 환전된다니 편리한 서비스임에는 분명합니다. 자, 그럼 여기서 한 가지 의문이 들죠. 자동으로 환전될 때 환전수수료는 얼마나 될까요? 이 부분이 중요합니다.

먼저 내가 직접 환전하는 경우를 살펴보겠습니다. 내가 계좌에 돈을 입금하고 이 돈을 환전하는 경우에는 증권사에서 고시하는 기준환율에서 실제 외화 매수환율 혹은 외화 매도환율의 차이만큼을 증권사에 수수료로 지불하게 됩니다. 예를 들어 증권사에서 고시하는 환율이 1,300원, 증권사에서 달러를 매수할 때 내야 하는 환율이 1,320원, 달러 매도 시 받게 되는 금액이 1,280원이라고 가정해볼게요. 여기서 환전스프레드, 즉 증권사가 받는 환전수수료는 달러당 20원이 됩니다.

증권사 신규 계좌 가입 후 환율 95%로 우대를 받는다면 이 20원이라는 스프레드에서 95%를 할인받고 5%에 해당하는 1원만 환전수수료로 지불하게 됩니다. 그럼 통합증거금을 이용하여 환전하는 경우에는 환전수수료를 얼마나 내야 할까요? 이 부분은 증권사마다 차이가 있습니다. 일부 증권사의 경우에는 고시환율로 환전을 진행하여 통합증거금 이용 시 환전수수료를 아예 부과하지 않습니다. 어떤 증권사는 통합증거금 활용 시 환전수수료를 우대

◆ 증권사별 고시환율 기준

증권사	고시환율 기준
키움증권, 신한투자증권	신한은행
미래에셋증권, 대신증권	하나은행
삼성증권	자체 고시환율
한국투자증권	자체 고시환율
NH투자증권	NH농협은행
KB증권	KB국민은행

해주기도 합니다. 이는 증권사마다 차이가 있기 때문에 내가 주로 이용하는 증권사에 확인해봐야 합니다.

통합증거금을 활용한 환전 시 유의사항은 바로 환율의 변동입니다. 증권사의 통합증거금 서비스는 당장 달러가 없더라도 원화증거금을 대용해서 주문이 가능하도록 한 시스템입니다. 이때 증권사들은 가상환율을 정해두고 미리 원화증거금을 차감한 뒤 실제 환전은 다음 날 진행하는 것이죠. 따라서 내가 지난밤 미국 주식을 주문할 때의 기준이 되었던 환율과 다음날 외환시장이 열렸을 때 환율이 크게 달라지면 이에 따른 환차손 또는 환차익*이 발생할 수 있습니다.

> 짚어보기 ✦ 환차손, 환차익 외환차익 혹은 외환차손의 줄임말로, 내가 미국 주식을 매수할 때 1달러당 1,100원에 환전했는데 해당 미국 주식을 팔고 다시 원화로 환전할 때는 1달러당 1,200원에 환전한다면 1달러당 100원의 환차익을 얻게 된 셈이죠.

쉽게 예를 들어 설명해보겠습니다. 계좌에 있는 원화 1천만 원을 이용해 미국 주식을 주문할 경우 통합증거금을 이용한 업무 프로세스는 다음과 같이 진행됩니다. 먼저 당일 낮 외환시장에서 원달러 환율이 1달러당 1,300원으로 마감되었다고 가정하겠습니다. 같은 날 저녁 미국 주식을 원화로 매수주문 하면 증권사에서는 1달러당 1,300원의 환율이 아닌 대략 1달러당 1,375원(기준환율보다 5% 높은 환율)으로 환율을 적용해 달러를 환전합니다. 그러고 나서 미국 주식 매수주문이 들어가죠.

다음날 실제 외환시장이 개장하고 원달러 환율이 어제보다 10원 높은 1달러당 1,310원에 거래됐다면, 증권사에서는 어젯밤 1달러당 65원의 차액을 계산하여 내 계좌로 입금해줍니다. 다만 이 과정에서 어제 1달러당 1,300원의 환율을 예상하고 미국 주식을 주문했지만, 실제 환율은 1,310원이 적용됨으로써 내가 예상한 것보다 1달러당 10원의 환차손을 보게 된 것입니다.

이처럼 통합증거금 서비스는 다음 날 환율 변동에 따라 발생하는 나의 손익이 조금 달라질 수 있다는 단점이 존재하지만, 외화를 미리 환전해두지 않아도 해외주식을 주문할 수 있다는 장점 덕분에 점점 더 많은 해외주식 투자자들이 해당 서비스를 이용하고 있습니다.

PART 2

Part 1에서 투자 원칙과 해외주식의 차이점에 대해 잘 배우셨나요? 이번 파트에서는 이것을 모르면 해외주식 사고팔기가 어려울 정도로 중요한 기본 지식에 대해 알아보겠습니다. 내가 사고 싶은 주식을 주식 앱에서 어떻게 검색하면 되는지, 해외주식에 대한 기본 정보는 어디에서 얻는지, 해외주식 매매제도에는 어떤 특징이 있는지 등에 대해 알아봅니다.

또한 해외주식 실전투자에 앞서 과연 어떻게 해야 좋은 수익을 얻을 수 있는지 과거 역사와 현재 국내 투자자들의 매매 현주소를 살펴봅니다. 서학개미라 불리는 해외주식 투자자들은 주로 어떤 기업에 투자했는지, 매매는 얼마나 자주 하는지 등을 살펴봄으로써 우리가 해외주식 매매에 있어 어떤 자세를 취해야 할지 교훈을 얻어봅니다.

해외주식유치원
2학년

실전투자 워밍업

3장 해외주식 투자, 기본부터 알고 시작하자

Part 1에서는 해외주식 투자의 시작에 앞서 알아야 할 2가지를 살펴봤습니다. 첫 번째는 투자의 5가지 원칙이었고, 두 번째는 국내주식 투자와 다른 점이었습니다. 이번에는 본격적인 해외주식 투자에 앞서 알아야 하는 배경지식, 정보를 얻는 법, 그리고 과거 수익률 데이터를 살펴보려고 합니다. 해외주식에 대한 기본적인 정보는 어디에서 얻는지, 해외주식에서 발생하는 배당금은 어떻게 처리되는지, 해외주식에 투자할 경우 적립식 투자와 거치식 투자 중 어떤 것이 초보 투자자들에게 적합할지 등을 살펴보겠습니다.

- 해외주식은 기업 이름이 아니라 티커로 말한다
- 해외주식 기본 정보는 어디에서 얻을 수 있나
- 가격제한폭과 동시호가가 없다? 나라별로 다른 매매제도 1탄
- 오늘 주식을 팔고 바로 재매수할 수 없다? 나라별로 다른 매매제도 2탄
- 해외주식 배당금, 원천징수된다고 안심해서는 안 되는 이유

📖 **방과 후 과정 3** | 증권사별 해외주식 특화 서비스

해외주식은 기업 이름이 아니라
티커로 말한다

주변 지인으로부터 유망한 미국 스타트업 기업을 소개받은 야너주 씨. 집에 돌아와 해당 기업의 이름을 검색하려고 하니 쉽게 검색되지 않았습니다. 분명 한국말로 들은 기업 이름은 간단했는데 이를 영어 스펠링으로 입력하려니 헷갈렸기 때문입니다.

뉴스에서 중국 소비시장의 변화를 다룬 기사를 보고 이러한 변화로 수혜를 받게 되는 기업을 검색하던 김파고 씨. 분명 뉴스에서 들었던 중국 기업 이름을 증권사 MTS에서 검색했는데 종목이 조회되지 않습니다. 아무리 찾아도 해당 기업이 나오지 않아 인터넷에서 관련 이름을 검색하니 전혀 다른 이름으로 검색됩니다.

해외주식에 투자하려는 투자자라면 위와 같은 경험을 종종 하게 됩니다.

언어의 장벽으로 인해, 그리고 표기법과 발음의 차이로 인해 기업명을 검색하는 게 쉽지 않죠.

이럴 때 유용하게 사용되는 것이 바로 티커(Ticker)입니다. 티커는 우리나라로 치면 종목코드를 의미합니다. 우리나라의 주식 종목코드는 숫자 6자리로 구성되죠. 예를 들면 삼성전자는 005930, LG에너지솔루션은 373220과 같이 각 종목들은 6자리로 구성된 종목코드를 가집니다.

코드라고 하니 숫자로만 구성될 것 같지만 사실 해외주식의 티커는 숫자가 아닌 알파벳으로 구성된 경우가 많습니다. 대표적으로 미국 주식의 경우도 알파벳으로 티커를 구성합니다.

애플(Apple)은 AAPL, 아마존(Amazon)은 AMZN, 구글(구글의 모기업 Alphabet)은 GOOGL, 마이크로소프트(Microsoft)는 MSFT, 나이키(Nike)는 NKE로 구성되어 있죠.

미국 기업들의 티커를 보면 어떤 생각이 드나요? 그렇습니다. 원래 기업명을 3~4개의 알파벳으로 줄여 티커로 만들었음을 알 수 있습니다. 미국 주식에 있어서 티커는 보통 세 글자에서 네 글자로 정하지만, 어떤 경우에는 두 글자, 또 어떤 경우에는 다섯 글자로 티커를 정하기도 합니다.

반면 중국 주식의 경우 종목코드를 우리나라처럼 6자리 숫자를 이용하여 표시합니다. 중국의 시가총액 1위 기업인 귀주모태주는 600519, 2위 중국 공상은행은 601398과 같이 말이죠.

일본 주식의 경우 티커는 4자리 숫자로 표기하고, 대만 주식 역시 4자리 숫자로 티커를 표시합니다. 반면 독일 기업의 경우 알파벳 세 글자 혹은 알파벳과 숫자를 결합한 네 글자로 티커를 표시하죠.

그렇다면 내가 투자하고 싶은 기업의 티커를 모르는 경우에는 어떻게 해야 할까요? 가장 간단한 방법은 인터넷 검색창에 '종목명 + TICKER'라고 입력하는 것입니다. 예를 들어 애플의 티커를 알고 싶다면 인터넷 검색창에 'APPLE TICKER'라 쓰고 검색하는 것이죠.

또한 증권사의 MTS, HTS 등에서 제공하는 해외기업 순위를 이용하는 것도 티커를 확인하는 좋은 방법입니다. 많은 증권사의 MTS에서 주요 증시의 시가총액 순위를 제공하고 있습니다. 이러한 시가총액 순위란에는 종목의 이름뿐만 아니라 티커도 같이 표시하고 있기 때문에 시가총액 순위를 보면서 티커까지 확인할 수 있다는 장점이 있습니다.

◆ **미국 시가총액 상위 20위 기업 티커**(2022년 12월 29일 기준)

순위	티커	회사명	시가총액($)	시가총액(원)
1	AAPL	애플(Apple Inc.)	$2,104B	2,672조 원
2	MSFT	마이크로소프트(Microsoft Corporation)	$1,802B	2,288조 원
3	GOOGL	알파벳A(Alphabet Inc.)	$1,156B	1,468조 원
4	AMZN	아마존닷컴(Amazon.com, Inc.)	$869B	1,103조 원
5	BRK-A	버크셔 해서웨이(Berkshire Hathaway Inc.)	$665B	845조 원
6	UNH	유나이티드헬스그룹 (United Health Group Incorporated)	$489B	622조 원
7	JNJ	존슨앤존슨(Johnson&Johnson)	$462B	587조 원
8	XOM	엑슨모빌(Exxon Mobil Corporation)	$454B	577조 원
9	TSLA	테슬라(Tesla,Inc.)	$435B	552조 원
10	NVDA	엔비디아(NVIDIA Corporation)	$400B	508조 원
11	WMT	월마트(Walmart Inc.)	$399B	507조 원
12	JPM	제이피모건체이스(JP Morgan Chase&Co.)	$395B	502조 원
13	TSM	TSMC(Taiwan Semiconductor Manufactur)	$392B	497조 원
14	PG	프록터앤갬블(Procter&Gamble Company(The))	$364B	462조 원
15	LLY	일라이릴리(Eli Lilly and Company)	$341B	433조 원
16	MA	마스터카드(Mastercard Incorporated)	$336B	427조 원
17	CVX	셰브론(Chevron Corporation)	$332B	422조 원
18	HD	홈디포(HomeDepot, Inc.(The))	$328B	417조 원
19	NVO	Novo Nordisk A/S	$298B	379조 원
20	PFE	화이자(Pfizer, Inc.)	$288B	365조 원

해외주식 기본 정보는
어디에서 얻을 수 있나

2020년 이후 국내주식 투자자들의 해외주식 투자가 크게 늘어나면서 해외주식과 관련된 정보를 제공해주는 채널 또한 다양해졌습니다. 이제는 관심과 의지만 있다면 해외주식과 관련한 정보들을 쉽게 찾을 수 있는 시대가 된 것이죠. 하지만 정보의 홍수라는 말처럼 쏟아지는 정보들 속에서도 내가 찾는 정보, 내게 필요한 정보를 찾는 능력은 중요합니다.

해외주식 투자에 필요한 정보는 크게 기업에 대한 정보와 주식 시세에 대한 정보로 나눌 수 있습니다. 전자가 기업에 대한 모든 정보를 총괄한다면, 후자는 주가적인 측면에 좀 더 집중하는 것이죠. 이러한 정보들을 투자자들이 보기 쉽게 제공하는, 혹은 투자자들이 꼭 알아야 하는 정보를 제공하는 곳에 대해 살펴보도록 하겠습니다.

기업에 대한 정보를 얻는 가장 좋은 방법은
기업이 제출하는 공시*를 살펴보는 것입니
다. 우리나라의 경우 금융감독원이 운영하는
전자공시시스템(dart.fss.or.kr)에서 기업 공시

짚어보기 ✦ 공시 기업이 기업과 이
해관계가 있는 모든 이들에게 기업의
각종 법률적, 비법률적 사실 내용을
공개적으로 알리는 것을 말합니다.

를 살펴볼 수 있습니다. 그렇다면 해외기업의 공시는 어디에서 확인할 수
있을까요?

먼저 미국 기업의 경우 미국증권거래위원회인 SEC(Securities and Exchange
Commission)가 운영하는 에드거(Edgar)에서 공시를 확인할 수 있습니다
(www.sec.gov/edgar). 에드거에는 연례보고서에 해당하는 자료인 10-K뿐
만 아니라 분기보고서에 해당하는 10-Q, 그리고 연례보고서나 분기보고
서 제출 시점은 아니지만 기업의 중요한 경영 활동을 나타내는 8-K 등이
공시됩니다.

✦ 미국 기업 공시 사이트 에드거

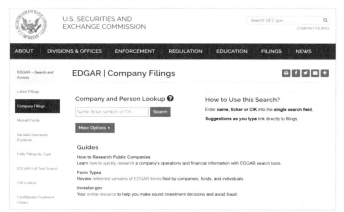

다음으로 중국 기업의 경우 크게 2개의 사이트에서 해당 정보를 조회할 수 있습니다. 하나는 전국기업신용정보공시시스템(www.gsxt.gov.cn)으로, 해당 사이트에서는 기업의 기본적인 정보 및 신용과 관련된 정보들을 조회할 수 있습니다.

◆ 중국 전국기업신용정보공시시스템

두 번째는 중국 증권감독위원회가 지정한 상장회사의 정보공개 사이트 CNINFO(www.cninfo.com.cn)입니다. 해당 사이트에서는 기업들이 제출한 정기보고서, 재무제표 등을 확인할 수 있습니다.

◆ 중국 상장회사 정보공개 사이트 CNINFO

다음으로 시세에 대한 정보는 어디서 확인할 수 있을까요? 해외주식 주가 그리고 관련 뉴스를 파악하는 곳으로 가장 많이 활용되는 곳은 야후 파이낸스(finance.yahoo.com)입니다. 야후 파이낸스에서는 미국 기업뿐만 아니라 전 세계 상장된 대부분의 기업 주가 정보 및 차트를 확인할 수 있어 유용합니다.

◆ 야후 파이낸스

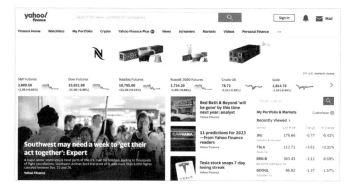

가격제한폭과 동시호가가 없다?
나라별로 다른 매매제도 1탄

해외주식 투자를 시작하는 투자자는 대부분 국내주식 투자 경험이 있는 경우가 많습니다. 따라서 국내주식과 다른 해외 주식시장의 매매제도 때문에 종종 당황하게 되는데요. 이번에는 해외 주식시장의 매매제도가 국내 주식시장과 비교해 어떤 점이 다른지 살펴보겠습니다.

해외 주식시장의 매매제도가 우리나라의 제도와 다른 점은 크게 2가지를 꼽을 수 있습니다.

첫 번째는 상하한가 가격제한폭의 유무와 그 폭이 나라별로 상이하다는 것입니다. 상한가, 하한가 가격제한폭이란 전일 종가 대비 오르거나 내릴 수 있는 가격에 제한을 두는 제도입니다. 우리나라는 전일 종가 대비해서 상한가 또는 하한가의 제한폭을 30%로 두고 있죠. 반면 미국 주식시장은

국가	상한가제도
한국	30%
중국, 대만	10%
베트남	7%
미국, 영국, 독일, 홍콩, 뉴질랜드	제한 없음
일본	주가별 상이

전일 종가 대비해서 가격이 움직일 수 있는 제한폭이 존재하지 않습니다. 즉 어떤 특정 이슈가 발생했을 때 주식이 전일 대비 제한 없이 큰 폭으로 상승할 수도 있고, 반대로 부정적인 이슈라면 주가가 제한 없이 크게 하락할 수도 있다는 뜻이 됩니다.

미국과 반대로 상하한가 제한폭이 우리나라보다 적은 국가들도 존재합니다. 대표적으로 중국과 베트남을 꼽을 수 있습니다. 중국의 상하한가 가격제한폭은 전일 종가 대비 10%이며, 베트남의 경우엔 7%입니다.

두 번째로 다른 점은 동시호가 유무입니다. 동시호가란 일정한 시간 동안 주식 주문을 모아두었다가 한 번에 체결하는 것을 의미합니다. 우리나라는 장전 동시호가를 8시 40분부터 9시까지, 그리고 장마감 동시호가를 오후 3시 20분부터 3시 30분까지 운영하죠. 반면 미국은 동시호가 없이 바로 주식시장이 개장합니다. 미국 주식시장은 현지 시간으로 오전 9시 30분에 개장해 오후 4시에 마감합니다. 이때 동시호가가 따로 없기 때문에 장 시작과 동시에 거래가 폭발적으로 이루어지죠.

미국 주식시장을 제외한 대부분의 주식시장은 동시호가제도를 운영하고 있습니다. 장전 동시호가가 있는 시장은 중국, 홍콩, 일본, 독일, 영국, 싱가포르 등이며, 장마감 동시호가가 있는 시장은 홍콩, 베트남 등입니다.

이 외에도 해외 주식시장은 오전 장과 오후 장을 구분하여 주식시장을 운영하는 경우가 많습니다. 우리나라의 경우 오전 9시 주식시장이 개장해 오후 3시 30분 폐장할 때까지 중간에 휴장 없이 진행되죠. 우리나라처럼 중간에 휴식시간 없이 주식시장이 운영되는 대표적인 곳이 미국의 주식시장입니다.

반면 중국, 홍콩, 일본, 베트남, 인도네시아, 싱가포르 등은 오전 장과 오후 장 사이에 짧게는 1시간에서 길게는 2시간 30분까지 주식시장이 휴장합니다. 이러한 나라를 통해 거래하려는 해외주식 투자자라면 점심시간에 주식 거래가 안 된다고 해서 놀라면 안 되겠죠?

◆ 국가별 동시호가제도 운영 여부

동시호가	국가
없음	미국
장전 동시호가	한국, 중국, 홍콩, 일본, 독일, 영국, 싱가포르
장마감 동시호가	한국, 홍콩, 베트남

오늘 주식을 팔고 바로 재매수할 수 없다?
나라별로 다른 매매제도 2탄

국내 주식시장과 제도가 달라 투자자들이 당황하는 또 다른 한 가지는 바로 당일 재매매 허용 여부입니다. 당일 재매매란 말 그대로 같은 날 주식을 샀다 팔았다 하는 것입니다.

국내주식의 경우 당일 주식을 사고파는 재매매가 허용됩니다. 매매 시에는 증권사에 내는 매매수수료와 증권거래세가 부여되지만 이러한 비용을 제외하고 남은 금액은 얼마든 당일 매수와 매도를 반복할 수 있습니다.

해외 주식시장에서 이러한 당일 재매매가 허용되는 국가로는 미국, 캐나다, 홍콩, 일본, 싱가포르, 영국, 독일 등이 있습니다. 반면 당일 재매매가 허용되지 않는 주식시장은 중국 상해 B와 심천 B, 호주, 뉴질랜드, 인도네시아, 베트남, 태국, 대만, 프랑스, 네덜란드 등입니다. 다만 이러한 재매매 허용 여부는 증권사별로 차이가 존재합니다. 똑같은 독일 주식시장이라 하더라도 A증권사는 재매매가 가능한데 B증권사는 재매매가 불가능합니다.

재매매가 일부만 허용되는 주식시장도 있습니다. 중국 상해A와 심천A의 경우 당일 매도한 금액으로 당일 매수하는 것은 허용되지만, 당일 매수한 종목을 당일 매도하는 것은 허용하지 않고 있습니다.

특히 국내주식 투자자들의 직접 투자가 많은 중국의 경우 해당 주식을 매수했다면 당일 매도하지 못한다는 것을 잘 기억해야겠죠. 반대로 주식을 매도한 대금으로는 다시 주식을 사는 것이 가능하기 때문에 중국 주식 투자를 고민하고 있다면 이러한 차이점을 명확히 인지하고 있어야 합니다.

◆ 해외주식 매매제도 비교(미국, 중국)

	미국	중국
정규장 시간	23:30~익일 06:00 서머타임 적용 시 22:30~05:00	10:30~16:00 점심시간 12:30~14:00 휴장
주문수량	1주	매수 시 100주, 매도 시 1주씩
재매매	가능	매도 후 재매수 가능 당일 매수 후 당일 매도 불가
가격제한폭	없음	10%
결제일	3영업일	1영업일

해외주식 배당금,
원천징수된다고 안심해서는 안 되는 이유

해외주식 투자자 중에서는 해외 배당주 투자에 관심 있는 투자자들도 많습니다. 해외주식 투자로 배당을 받는 경우 해당 배당소득이 원천징수됩니다. 하지만 배당금이 원천징수된다고 해서 무조건 안심하고 있다가는 나중에 세금 폭탄을 맞을 수도 있다는 사실 알고 있나요?

배당금이란 기업이 벌어들인 이익을 주주들에게 환원하는 것입니다. 기업이 주주들에게 제공하는 배당금에는 크게 현금배당과 주식배당 2가지 종류가 있습니다. 해외주식에 투자했는데 현금배당 혹은 주식배당을 받았다면 세금은 어떤 기준으로 책정되고 납부는 언제 하게 될까요?

해외주식의 배당소득세는 투자자에게 지급되기 전 현지에서 원천징수됩니다. 투자자에게는 원천징수된 이후의 배당금이 지급되기 때문에 배당소득세를 따로 신고하지 않아도 됩니다. 다만 해외주식 배당금을 포함하여 이자 및 배당금을 합친 금융소득이 2천만 원 이상일 경우에는 종합소득세를 신고해야 합니다. 배당금이 2천만 원 이상이라면 해외주식 배당금이 원천징수된다고 해도 할 일이 또 남아있는 것이죠.

해외주식 배당금에 대한 세금은 원천징수되지만 사실 국가별로 배당금이 처리되는 과정에는 차이가 있습니다. 이는 국내 세율과 해외 현지 세율의 차이에서 기인합니다. 조세조약 및 해당 국가 세법에 따라 현지에서 먼저 원천징수되지만 현지 세율이 국내 세율보다 낮을 경우에는 국내에서 추가로 원천징수되죠.

국내주식의 경우 배당소득세로 소득세 14%와 주민세 1.4%를 합친 15.4%가 원천징수됩니다. 이러한 국내 배당소득세 14%가 기준이 되어, 배당소득세가 14%보다 높은 국가에서 발생한 배당에 대해서는 국내에서 추가 세금이 발생하지 않습니다. 예를 들어 배당소득세가 15%인 미국 주식의 경우에는 국내 배당소득세인 14%보다 높은 15%가 원천징수되기 때문에 배당소득세가 차감된 금액이 계좌에 입금되면 처리가 완료됩니다.

반면 배당소득세가 10%인 중국 주식의 경우에는 국내 배당소득세 14%보다 낮습니다. 이런 경우 국내 배당소득세 14%에서 10%를 제외한 나머지 4%만큼의 금액을 배당소득세로 추가 징수하고, 4%에 대한 주민세 10%(총액의 0.4%)도 징수하게 됩니다.

따라서 배당금 지급일에 배당금이 지급됨과 동시에 국내 세율과의 차이만큼은 투자자의 예수금에서 자동으로 납부됩니다. 만약 투자자의 예수금이 추가 징수세액보다 적을 경우에는 증권사에서 납부해야 할 세금만큼 배당금을 자동으로 환전하여 해당 세금을 납부하게 되는 것이죠.

현금배당이 아닌 주식배당의 경우에는 국내증권사에서 배당소득세만큼 원천징수합니다. 이때 증권사가 원천징수하는 돈은 예수금에서 차감되거나 기타미수금으로 설정되는데, 이는 증권사마다 업무처리 방식이 상이합니다.

주식배당을 받은 경우에는 배당받은 주식의 시가가 아닌 액면가를 기준으로 배당소득세를 산정하게 됩니다. 따라서 배당받은 주식을 매도할 경우 주식 취득가액이 액면가액이 되기 때문에 양도소득세 작성 시 주의가 필요합니다. 일반적으로 주식의 액면가는 주식의 시장가격보다 훨씬 낮은 경우가 많기 때문이죠. 예를 들어 중국 주식은 주식배당을 하는 경우가 많은데, 시가 30위안인 주식의 액면가가 1위안인 경우 해당 주식을 매도하게 되면 양도차익이 크게 발생할 수 있습니다. 이런 경우 절세를 위해 배당받은 주식을 배우자 혹은 자녀들에게 양도한 뒤 매도하는 방법을 고려할 수 있습니다.

증권사별 해외주식 특화 서비스

해외주식의 거래가 까다롭다는 말은 이제 옛말이 되었습니다. 새벽에 일어나서 매매하지 않아도 되는 미국 주식 주간거래(낮시간거래), 1주를 온전히 사지 않아도 주주가 될 수 있는 소수점거래 등 증권사들이 제공하는 해외주식 특화 서비스에 대해 알아보겠습니다.

미국 주식 주간거래(낮시간거래)

삼성증권이 대체거래소 BOATS와 독점계약을 맺으면서 투자자들에게 선보인 주간거래 서비스입니다. 이전까지 미국 주식은 정규장 시간인 밤 11시 30분부터 다음날 오전 6시까지 거래하거나, 프리마켓인 오후 6시부터 밤 11시 30분까지, 또는 애프터마켓인 오전 6시부터 오전 7시까지 거래하는 방법이 있었습니다. 한국과 미국 동부가 14시간 시차가 있다 보니 거래시간이 국내 투자자들에게는 조금 불편할 수밖에 없었죠.

이러한 불편함을 해소해주는 것이 바로 미국 주식 주간거래입니다. 우리나라 시간으로 오전 10시부터 오후 5시 30분까지 미국 주식 거래가 가능하도록 제공하는 서비스입니다.

미국 주식 주간거래는 미국 증권거래위원회가 승인한 대체거래소를 통해 거래가 지원되며, 주간거래 시 체결된 거래는 당일 밤 열리는 정규장과 마찬가

◆ 미국 주식 주간거래가 가능한 삼성증권 화면

지로 3영업일 후에 결제됩니다. 주간거래로는 대부분의 상장 종목 거래가 가능하지만, 참여자 수와 종목별 유동성이 정규장 대비 적기 때문에 거래량이 적어 가격 변동이 크거나 가격이 불리할 수 있습니다.

미국 주식 주간거래는 삼성증권이 독점하고 있었지만 2022년 9월 미래에셋증권이 유사한 데이마켓 서비스를 제공하면서 경쟁체제에 돌입했습니다. 2023년 이후에는 더욱 많은 증권사들이 주간거래를 제공하기 위해 서비스를 준비중인 것으로 알려져 있습니다.

소수점거래

소수점거래란 주식을 매매할 때 온전한 1주 단위가 아니라 소수점으로 주식을 쪼개서 거래하는 것을 말합니다. 예를 들어 애플 주식 1주 가격이 120달러일 때, 10분의 1인 12달러로 애플 주식 0.1주를 주문할 수 있는 것이죠.

해외주식 소수점거래 서비스는 신한투자증권이 2018년 10월 국내 증권사 최초로 선보인 서비스입니다. 이후에 한국투자증권이 2020년 8월 서비스를 시작하며 이 시장을 양분했죠. 이후 많은 증권사에서 서비스 개발에 착수하여 현재는 앞에서 언급한 증권사를 포함해 삼성증권, 미래에셋증권, 키움증권, NH투자증권, 대신증권 등 대부분의 증권사가 해당 서비스를 제공하고 있습니다.

국내주식 소수점거래는 기획재정부가 국내주식 소수점거래 시 매도할 때 발생하는 세금에 대해 비과세 대상이라고 유권해석을 내리면서 2022년 9월부터 일부 증권사가 서비스를 제공하고 있습니다. 반면 해외주식 소수점거래 서비스는 이미 서비스를 제공하고 있는 증권회사가 많습니다.

이렇게 소수점거래가 활성화된 까닭은 미국 주식시장이 오래전부터 소수점거래가 활성화되었기 때문입니다. 이렇게 과거부터 미국 주식시장에서 소수점거래가 활발했던 이유는 바로 배당 때문인데요. 미국 주식의 경우 투자자들이 배당을 기대하기도 하고, 주주환원 시스템이 잘되어 있어 배당금이 잘 나오죠. 투자자들은 배당을 받으면 배당금으로 다시 주식을 사는 재투자를 하고 싶은데 배당금액이 주가만큼 크지 않으니 이슈가 발생한 것입니다. 이에 투자자들이 배당금으로 주식에 재투자할 수 있도록 증권사에 요구하게 되었고 그 결과 소수점거래가 활성화되었습니다.

◆ 국내 투자자 해외주식 소수점거래 이용 현황

연도	이용자수	거래금액	소수점거래 비율
2020년	33만 5,230명	3억 5,262만 달러	0.20%
2021년	79만 1,424명	14억 453만 달러	0.38%
2022년	157만 6,421명	13억 4,317만 달러	0.66%

※ 출처: 유의동 국민의힘 의원, 금융감독원, 한국예탁결제원

4장 해외주식 투자, 어떻게 투자해야 성과가 좋을까

해외주식 투자, 어떤 방법으로 해야 좋은 성과를 낼 수 있을까요? 주식시장은 장기적으로 우상향해왔다는 과거 데이터를 바탕으로 장기투자를 하는 것이 좋을까요? 아니면 제2의 애플, 제2의 테슬라를 찾아 개별기업에 집중 투자해야 할까요? 더불어 해외주식 단기투자는 국내주식 투자 대비 왜 어려울까요? 서학개미들은 현재 어떻게 투자하고 있을까요? 이번 장에서는 해외주식 투자에 어떻게 접근하면 좋을지 그 실질적인 방법에 대해 알아보도록 하겠습니다.

- 장기 적립식 투자 시장의 우상향을 믿고 투자하라
- 해외주식 단기투자가 특히 어려운 이유
- 서학개미 매매의 현주소 서학개미 매매패턴 및 수익률
- 서학개미들이 가장 많이 투자한 해외기업은 어디일까
- 해외주식, 언어와 정보 얻기의 어려움은 어떻게 극복해야 하나

방과 후 과정 4 | 경제지표 알아보기

장기 적립식 투자
시장의 우상향을 믿고 투자하라

개인 자산만 100조 원이 넘는 투자의 귀재 워런 버핏은 2013년 버크셔 해서웨이의 연례보고서에서 다음과 같이 밝혔습니다.

"유서에 내가 죽은 뒤 아내에게 남겨진 돈은 국채 매입에 10%를 투자하고, 나머지 90%는 전부 S&P500 인덱스 펀드에 투자하라고 썼습니다."

S&P500이 무엇이길래 세계에서 가장 성공한 투자자 워런 버핏이 이런 유언까지 남긴 것일까요.

S&P500은 미국에서 가장 큰 500대 상장기업들로 구성된 지수(Index)입니다. 따라서 S&P500에 투자한다는 것은 하나의 특정 기업이 아니라 미국 주식시장을 대표하는 500개 기업에 나누어 투자한다는 의미가 됩니다.

가치투자를 통해 세계 10대 부호가 될 정도로 투자에 능했던 그가 정작 자신의 아내에게 남기는 유언에는 S&P500에 투자하라고 조언한 까닭은 무엇까요? 그 이유는 아래의 그래프를 통해 확인할 수 있습니다.

1928년부터 2022년까지 95년이 넘는 기간 동안 S&P500 지수는 장기적으로 우상향하는 모습을 보였습니다. 시기에 따라 단기적으로 하락하기도 했지만, 장기적으로 봤을 때는 지속적으로 상승해왔죠. S&P500 지수에 투자했을 때 연평균 수익률은 8% 정도로 알려져 있습니다(1928년 이후 정확히 어느 시점에 투자했는지에 따라 연평균 수익률은 조금씩 차이가 발생합니다). 이러한 연평균 수익률의 경우 배당금은 재투자하지 않았다고 가정한 것이기 때문에 실제 배당금이 재투자되었다면 더 높은 수익률을 기록했을 것입니다.

◆ S&P500 장기 시계열 차트

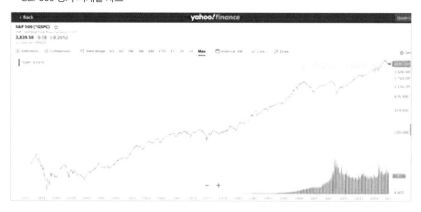

※ 출처: finance.yahoo.com

얼핏 들었을 때 연평균 8%의 수익률이라면 굉장히 낮아 보입니다. 주식시장의 변동성이 클 때는 하루에도 8%의 수익률을 달성할 수 있기 때문입니다. 하지만 연평균 8% 수익률의 최대 무기는 바로 기간입니다. 장기간 복리로 투자하게 되면 처음엔 작아 보이던 것이 해를 거듭할수록 눈덩이처럼 불어나기 때문입니다. 그래서 주식시장에서는 이러한 투자의 복리 효과를 눈덩이 효과(Snowball Effect)라고 부르기도 합니다.

주식시장은 단기적으로 늘 큰 변동성을 보여왔습니다. 개별기업의 변동성은 말할 것도 없으며 주식시장 자체도 큰 변동성을 보이죠. S&P500 지수의 경우 2006년 12월 1,480포인트였지만 1년 뒤인 2007년 12월에는 890포인트를 기록하며 2006년 대비 무려 40%나 하락했습니다. 2006년 12월 S&P500 지수에 1억 원을 투자한 사람이라면 1년 만에 무려 4천만 원의 평가손실이 발생한 것이죠. 연평균 8% 수익을 기대하며 투자한 사람에게 -40%는 아마 감당하기 어려운 손실일 수 있습니다.

이때 지수가 더 하락할 것 같은 공포에 S&P500을 매도해 손실을 확정했다면 그 이후에는 어땠을까요? 2007년 12월 890포인트에서 시작한 S&P500 지수는 이후 약 15년간 장기적으로 우상향하며 2021년 12월 무려 4,500포인트를 기록했습니다. 2006년에 투자했던 1억 원은 2021년 3억 원을 훌쩍 넘어섰을 것입니다. 매년 연간 8%의 수익률이 복리로 15년간 누적되어 적립된 결과입니다. 운이 좋게도 시장이 크게 하락했던 2007년 12월 투자했다면 수익률은 6배에 가깝게 되겠죠.

그렇다면 S&P500이 앞으로도 장기간 우상향할 수 있을까요? 투자의 세계에서 확정된 미래, 정해진 수익률은 존재하지 않습니다. S&P500은 미국 시가총액 상위 500개 기업이 모인 것이기 때문에 이 지수에 속한 기업들이 더 이상 혁신하지 못하고 투자자를 끌어들일 만한 새로운 제품과 서비스를 출시하지 못한다면 이들 기업의 지수로 구성된 S&P500도 하락할 수 있습니다. 다만 1928년 이후 적어도 지금까지 S&P500은 우상향해왔다는 데이터만큼은 변하지 않는 사실이겠죠.

해외주식 단기투자가 특히 어려운 이유

앞에서 S&P500의 장기 수익률이 연평균 8%라고 설명했죠. 주식에 새롭게 입문하는 투자자들에게 목표하는 기대수익률을 물어보면 어떤 결과가 나올까요? 연평균 8%의 수익이 목표라고 답변하는 투자자는 찾아보기 어려울 겁니다. 아마 대부분 20~30%, 혹은 투자 금액의 2배 이상을 희망하는 경우가 많죠.

목표하는 수익률이 높다 보니 투자자들은 쉽게 단기투자의 유혹에 빠지게 됩니다. 하루에도 전일 가격 대비 10% 내외로 변동하는 주식시장의 가격을 보며, 주가의 저점과 고점을 잘 맞출 수만 있다면 하루 만에도 큰 수익을 올릴 수 있기 때문이죠.

하지만 이러한 단기투자는 초보 투자자가 쉽게 따라 하기 어려운 영역입니다. 특히 최근에는 주식 거래에 있어 퀀트*, AI 등의 기술이 활용된 기계식 매매가 큰 비중을 차지하고 있습니다. 이러한 알고리즘을 바탕으로 한 투자는 수많은 경제지표와 주가

짚어보기 ✦ 퀀트 '계량적'이라는 뜻의 Quantitative를 Quant로 줄여 부르는 것으로, 계량 가능한 지표들을 이용하여 매매 전략을 세워 투자하는 방법을 의미합니다.

에 영향을 미칠 수 있는 요소들을 슈퍼컴퓨터로 정밀하게 예측하고 주식 매매로 대응합니다. 주식시장에서 초보 투자자가 차트 분석 하나만으로 단기투자에 나서는 것은 마치 전쟁터에서 적군은 최신식 전투기와 미사일로 무장했는데 아군은 소총 하나 들고 전쟁에 뛰어드는 것과 다르지 않습니다.

이처럼 단기투자는 국내주식, 해외주식을 불문하고 다 어렵지만 특히나 해외주식에 있어서는 어려운 이유가 추가됩니다. 바로 양도소득세와 거래수수료 때문입니다.

현재 국내주식은 대주주로 지정되지 않은 경우 주식 양도차익에 대한 세금이 존재하지 않는 반면, 해외주식의 경우 양도차익이 250만 원 이상일 경우 양도소득세 20% 및 지방세(양도소득세의 10%)를 세금으로 납부해야 합니다. 따라서 단기투자로 해외주식에서 수익이 발생하는 경우에는 국내주식과 달리 양도소득세가 발생하는 것이죠. 또한 이러한 양도소득세는 원천징수가 아니기 때문에 개인이 1년 동안의 거래를 정리하여 다음 해 5월 신고해야 합니다.

세금 문제와 더불어 해외주식의 단기투자가 어려운 또 한 가지 이유는 바로 증권사의 거래수수료 때문입니다. 거래수수료가 낮은 국내주식과 달리 현재 해외주식에 대한 증권사의 거래수수료는 꽤나 높은 편입니다. 비대면계좌 기준으로 국내주식의 거래수수료가 0.003% 정도라면, 해외주식의 거래수수료는 0.07~0.1%가 주를 이루죠. 단순 비교하면 해외주식 거래수수료는 국내주식에 비해 약 20~30배가량 높습니다. 예를 들어 한 증권사의 해외주식 거래수수료가 0.1%라고 했을 때 주식을 1억 원어치 매수했다 매도하면 증권사에 내는 거래수수료만 20만 원이 됩니다. 국내주식을 1억 원 매수 또는 매도했을 때 발생하는 거래수수료가 6,000원 정도임을 고려하면 그 차이가 꽤 크죠.

따라서 해외주식 투자를 고려한다면 단기투자보다는 장기적인 관점에서 매수해야 합니다. 물론 비용과 무관하게 해외주식 단기투자에서 수익을 내는 투자자도 존재할 수 있습니다. 하지만 양도소득세, 거래수수료라는 비용에서 대부분의 일반 투자자는 해외주식 투자 시 단기투자보다는 장기투자가 더 유리할 수 있다는 점을 명심해야겠습니다.

서학개미 매매의 현주소
서학개미 매매패턴 및 수익률

서학개미들은 어떤 기업의 주식을 많이 보유하고 있을까요? 또 얼마나 자주 주식을 사고팔까요? 서학개미의 매매 현주소를 파악하기 위해서는 한국예탁결제원의 외화증권 보관현황을 살펴보면 됩니다.

한국예탁결제원은 국내 투자자들의 외화증권 결제, 보관, 권리행사 등을 지원해주는 곳이죠. 따라서 국내 투자자들이 어떤 종목을 가장 많이 보유했고, 얼마나 자주 사고팔았는지 등이 모두 한국예탁결제원의 시스템에 기록됩니다. 뿐만 아니라 한국예탁결제원은 분기에 한 번씩 보도자료를 통해 국내 투자자들의 외화증권 결제, 보관현황에 대한 통계자료를 공개합니다.

그렇다면 서학개미들은 현재 해외주식에 얼마를 투자하고 있을까요?

2022년 3분기 국내 투자자들이 보유한 해외주식은 약 595억 달러였습니다. 한화로 환산하면 약 77조 원 정도죠. 2022년 1분기 793억 달러, 2분기 624억 달러에 비하면 각각 25%와 5% 줄어든 수치였습니다.

아래 그래프에서도 확인할 수 있듯이, 국내 투자자들의 해외주식 투자액은 2021년 12월부터 2022년 3월까지 정점을 찍은 뒤 하락하는 추세를 보이고 있습니다. 이는 2021년 초 미국 증시가 국내 증시와 달리 지속적으로 상승세를 보이면서 투자자들의 투자액이 증가하다, 2022년 초부터 시작된 미국 연준의 기준금리 인상으로 모든 자산가격이 하락하면서 해외주식에 대한 투자 열기도 조금 사그라들었다고 판단할 수 있습니다.

◆ **국내 투자자 외화증권 보관현황**(20년 1월~22년 10월, 단위: USD)

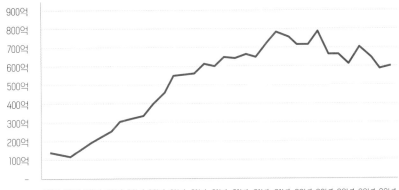

※ 출처: https://seibro.or.kr/websquare/control.jsp?w2xPath=/IPORTAL/user/ann/BIP_CNST02001V.xml&menuNo=861

◆ 외화증권 보관금액 상위 5개 시장

순위	외화증권		
	2022년 1분기	2022년 2분기	2022년 3분기
1	미국 (693.5억 달러)	미국 (528.3억 달러)	미국 (514.6억 달러)
2	일본 (29.8억 달러)	홍콩 (30억 달러)	일본 (23.7억 달러)
3	홍콩 (28.1억 달러)	일본 (26.2억 달러)	홍콩 (22.9억 달러)
4	중국 (19.9억 달러)	중국 (20.9억 달러)	중국 (15.9억 달러)
5	캐나다 (5.5억 달러)	캐나다 (5.5억 달러)	캐나다 (5억 달러)

※ 출처: 한국예탁결제원 22년 3분기 외화증권 보관 · 결제금액 보도자료

두 번째로 국내 투자자들은 해외 주식시장 중에서 미국 주식에 투자하는 비중이 압도적으로 높았습니다. 위의 표는 2022년 3분기 기준으로 국내 투자자들이 보유한 해외주식을 시장별로 1~5위까지 표시한 것입니다. 이 중 미국 주식은 514.6억 달러로 전체 보관금액의 87%를 차지했습니다. 이는 국내 투자자들의 해외주식 투자는 미국 주식 투자가 압도적으로 많다는 의미입니다. 미국 주식 다음으로 보관금액이 높은 시장은 일본, 홍콩, 중국, 캐나다 순이었습니다.

그렇다면 서학개미들의 평균 회전율은 어느 정도나 될까요? 앞서 해외주식은 국내주식과 달리 양도소득세가 존재하고, 증권사의 매매수수료도 높기 때문에 단기투자가 쉽지 않다고 설명했습니다. 이러한 이유로 일반적으로 해외주식은 국내주식보다 매매회전율이 낮다고 알려져 있습니다.

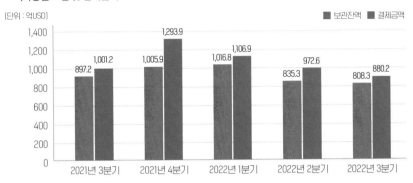

(단위 : 억USD)

■ 보관잔액 ■ 결제금액

	2021년 3분기	2021년 4분기	2022년 1분기	2022년 2분기	2022년 3분기
보관잔액	897.2	1,005.9	1,016.8	835.3	808.3
결제금액	1,001.2	1,293.9	1,106.9	972.6	880.2

※ 출처: 한국예탁결제원 22년 3분기 외화증권 보관 · 결제금액 보도자료

위의 그림은 한국예탁결제원에서 밝힌 해외주식 결제금액과 보관금액의 증감을 나타낸 것입니다. 해당 그래프를 살펴보면 2021년 3분기에서 2021년 4분기로 넘어갈 때 투자자들의 보관금액은 크게 증가하지 않은 데 비해 결제금액은 크게 증가한 것을 확인할 수 있습니다. 이는 투자자들이 주식을 매수한 뒤에 오래 보유하기보다는 단기 매매를 통해 회전율을 높인 결과라고 해석할 수 있습니다.

-ᯮᐱ- 여기서 잠깐

회전율이란

특정 종목의 총 발행 주식 규모 대비 일정 기간 동안 거래된 주식의 거래량을 뜻합니다. 발행 주식 수가 1천만 주인 주식의 하루 평균 거래량이 500만 주라면 이 주식의 회전율은 200%가 되죠. 이를 주식회전율이라고 합니다. 매매회전율은 자기 투자금 대비 주식 매매금액으로 계산합니다. 나의 투자금이 1억 원인데 하루에 매매하는 금액이 1억 원인 사람은 일일 매매회전율이 100%인 것이죠.

서학개미들이 가장 많이 투자한
해외기업은 어디일까

국내 투자자들이 가장 많이 투자한 해외기업은 어디일까요? 뒤에서 소개한 표는 2022년 10월 한국예탁결제원이 발표한 국내 투자자의 외화주식 보관금액 상위 10개 종목입니다.

2022년 1분기부터 3분기까지 9개월 동안 테슬라는 국내 투자자들이 가장 많이 투자한 종목 1위를 굳건히 지켰습니다. 2위인 애플과 비교해도 보관금액이 적게는 3배에서 많을 때는 4배까지 차이가 났었죠. 1, 2위 외에도 국내 투자자들은 알파벳(구글 모기업), 마이크로소프트, 엔비디아, TQQQ(나스닥100 지수를 3배 추종하는 레버리지 ETF), 아마존, QQQ ETF(나스닥100 지수를 1배 추종하는 ETF), SPY ETF(S&P500 지수를 추종하는 ETF) 등이 차지하고 있습니다. 국내 투자자들이 해외주식 중에서도 미국에 상장된 대형기술주와 주식시장의 지수를 추종하는 ETF에 주로 투자하고 있는 것이죠.

◆ 2022년 분기별 외화주식 보관금액 상위 10개 종목(단위: 백만 달러)

순위	2022년 1분기 말			2022년 2분기 말			2022년 3분기 말		
	종목명	보관금액	국가	종목명	보관금액	국가	종목명	보관금액	국가
1	테슬라	16,860	미국	테슬라	11,632	미국	테슬라	13,251	미국
2	애플	5,483	미국	애플	4,480	미국	애플	4,304	미국
3	엔비디아	3,356	미국	엔비디아	2,125	미국	알파벳 A	1,840	미국
4	알파벳 A	2,522	미국	알파벳 A	2,117	미국	마이크로 소프트	1,787	미국
5	마이크로 소프트	2,493	미국	마이크로 소프트	2,030	미국	엔비디아	1,723	미국
6	ProShares UltraPro QQQ ETF	2,106	미국	ProShares UltraPro QQQ ETF	1,519	미국	ProShares UltraPro QQQ ETF	1,508	미국
7	아마존	1,775	미국	INVSC QQQ ETF	1,196	미국	아마존	1,211	미국
8	INVSC QQQ ETF	1,478	미국	아마존	1,180	미국	INVSC QQQ ETF	1,129	미국
9	SPDR S&P500 ETF	1,201	미국	SPDR S&P500 ETF	1,035	미국	SPDR S&P500 ETF	972	미국
10	Dirextion Daily Semi- conductors Bull 3X ETF	759	미국	Dirextion Daily Semi- conductors Bull 3X ETF	644	미국	Dirextion Daily Semi- conductors Bull 3X ETF	683	미국

※ 출처: 한국예탁결제원 22년 3분기 외화증권 보관·결제금액 보도자료

이 중에서도 단연 눈길을 끄는 것은 테슬라가 투자금액 1위 자리를 차지하고 있다는 것입니다. 일론 머스크(Elon Musk)라는 스타 CEO와 그가 트위터라는 매체를 통해 벌이는 일련의 활동들, 그리고 전기차 시대에 가장 앞서나가는 차량 브랜드라는 사실까지. 테슬라는 한국인뿐만 아니라 전 세계인의 주목을 받는 기업임이 분명합니다.

하지만 미국 주식시장에서 시가총액 순위를 살펴보면 2022년 12월 5일을 기준으로 애플이 2.3조 달러로 1위, 마이크로소프트가 1.9조 달러로 2위, 알파벳이 1.3조 달러로 3위, 아마존이 960억 달러로 4위, 버크셔 해서웨이가 700억 달러로 5위, 테슬라가 600억 달러로 6위를 차지하고 있습니다.

투자자들의 관심도는 보통 시가총액 순위에 큰 영향을 받는다는 것을 생각해보면 국내 투자자들이 테슬라를 애플보다 4배나 많이 투자하고 있다는 사실은 꽤나 놀라운 통계라고 할 수 있죠.

국내 투자자들의 테슬라에 대한 투자가 급격히 늘어난 것은 2020년이었습니다. 한국예탁결제원이 발표한 자료를 보면 2019년까지는 국내 투자자가 투자한 해외주식 10위 내에도 없던 테슬라가 2020년 단번에 보유금액 1위로 올라서고, 2021년에는 투자금액이 2020년에 2배가 될 정도로 국내 투자자들의 테슬라 사랑은 눈에 띄었습니다. 국내 투자자들이 테슬라에 투자를 늘린 이유는 전기차 시장의 개화라는 시대적 흐름에 더해, 일론 머스크라는 스타 CEO와 그의 기행, S&P500 편입과 액면분할 등의 이슈가 맞물린 결과라고 해석할 수 있습니다.

◆ 국내 투자자 외화증권 보관금액 상위 10개 종목(2019~2021년, 단위: 백만 달러)

순위	2019년			2020년			2021년		
	종목명	보관금액	국가	종목명	보관금액	국가	종목명	보관금액	국가
1	아마존	655	미국	테슬라	7,835	미국	테슬라	15,460	미국
2	골드윈	622	일본	애플	2,998	미국	애플	5,032	미국
3	항서제약	432	중국	아마존	2,066	미국	엔비디아	3,120	미국
4	마이크로소프트	355	미국	엔비디아	1,150	미국	마이크로소프트	2,271	미국
5	알파벳A	282	미국	마이크로소프트	1,065	미국	알파벳A	2,253	미국
6	라인	282	일본	알파벳A	881	미국	아마존	1,857	미국
7	텐센트	263	홍콩	항서제약	770	중국	INVSC QQQ ETF	1,385	미국
8	신일본제철	240	일본	INVSC QQQ ETF	588	미국	Proshares UltraPro QQQ ETF	1,332	미국
9	넥슨	237	일본	해즈브로	524	미국	SPDR S&P500 ETF	973	미국
10	애플	226	미국	넥슨	495	일본	루시드 그룹	919	미국

※ 출처: https://seibro.or.kr/websquare/control.jsp?w2xPath=/IPORTAL/user/ovsSec/BIP_CNTS10013V.xml&menuNo=921

해외주식, 언어와 정보 얻기의 어려움은 어떻게 극복해야 하나

해외주식이 대중들의 인기를 끌었던 것은 비단 2020년만의 일은 아닙니다. 2000년대 중반 중국이 괄목할만한 경제성장을 이끌면서 중국 주식에 투자하는 펀드가 큰 인기를 끌었고, 또 BRICs라는 말이 생길 정도로 브라질, 러시아, 인도, 중국 등에 투자하는 펀드들이 인기를 끌기도 했죠.

2000년대 중후반과 2020년대 코로나19가 불러온 해외주식 열풍의 차이점은 많은 투자자들이 간접투자인 펀드투자가 아니라 직접투자를 선택했다는 점입니다. 펀드매니저가 운영하는 펀드에 투자하면 종목선택부터 포트폴리오 편출입, 자금관리 등 모든 것을 자산운용사가 관리해주고 운용보수라는 수수료를 가져가게 됩니다.

하지만 2010년대부터 펀드매니저가 운영하는 펀드인 액티브 펀드의 인기가 사그라들고, 특정 주제를 바탕으로 지수를 만들고 이러한 지수를 추종하는 펀드인 패시브 펀드와 ETF가 큰 인기를 끌면서 해외주식 투자에도 간접투자가 아닌 직접투자가 주목받기 시작했습니다.

지난 20년간 애플, 아마존, 그리고 구글과 같은 우리에게도 친숙한 해외기업들의 가치상승을 목격한 국내 투자자들이 제2의 애플, 제2의 아마존을 직접 찾아내는 투자 여정에 나선 것이죠.

간접투자와 달리 직접투자를 위해서는 챙겨봐야 하는 것들이 훨씬 더 많습니다. 그리고 결국 이러한 정보를 얻기 위해서는 가장 큰 난관이 존재하죠. 바로 언어의 장벽과 정보를 어디에서 얻는지에 관한 것입니다.

첫 번째 언어의 장벽은 국내 투자자들이 해외주식 직접투자를 꺼리게 만든 가장 큰 장애물이었습니다. 하지만 기술의 발달로 이제는 인터넷에서 보는 거의 모든 정보를 실시간으로 번역해주는 서비스가 있고, 필요한 자료들 역시 원문을 다운로드받아 번역기를 통해 번역할 수 있습니다.

기술을 통한 언어장벽이 해소되었다고 해도 여전히 국내 투자자들은 해외기업에 대한 정보를 어디에서 얻을 것인가에 어려움을 느낄 수 있습니다. 다행히 2020년 이후 국내 투자자들의 해외투자가 급격히 늘어나면서 투자에 도움이 되는 해외사이트에 대한 정보가 많이 공유되고 있습니다.

아래는 미국 주식에 대한 정보를 얻는 데 있어 가장 많이 활용되는 웹사이트를 정리한 것입니다. 다만 아래 사이트만을 활용해 정보를 얻는 우를 범하지 않기를 바랍니다. 내가 필요한 정보를 스스로 검색해 인터넷 사이트를 서칭하다 보면 얼마든지 정리가 잘된 웹사이트나 몰랐던 새로운 정보들을 발견할 수 있기 때문입니다.

야후 파이낸스(finance.yahoo.com)

해외주식, 특히 미국 주식에 투자한다면 가장 자주 접속하게 되는 사이트가 바로 야후 파이낸스입니다. 종목 시세부터 차트, 뉴스, 재무데이터, 배당 등 개별기업에 대한 필요 정보들이 일목요연하게 잘 정리되어 있습니다. 뿐만 아니라 경제지표와 관련 자료들도 제공하고 있어 거시경제에 필요한 자료를 찾는데도 자주 활용되는 사이트입니다.

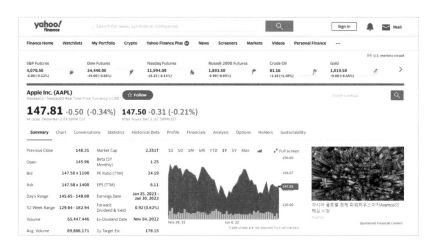

인베스팅닷컴(kr.investing.com)

전 세계 주요 증시현황 및 경제지표들을 한눈에 정리해 보여주는 사이트로 야후 파이낸스만큼 많은 투자자가 활용하는 사이트입니다. 영문 버전인 investing.com과 별개로 한국어로 정보를 제공하는 kr.investing.com도 존재해 국내 투자자들이 더욱 편리하게 이용 가능합니다.

핀비즈(finviz.com)

많은 데이터를 한눈에 보기 쉽게 정리해주는 사이트로 유명합니다. 특히 하루 동안의 주식시장 변동을 11개 섹터별로, 그리고 시가총액 순으로 한눈에 보여주는 맵(Map)은 전날의 시황을 파악하는 데 아주 유용합니다. 핀비즈에서는 맵 기능이 가장 많이 활용되지만 그 외에도 내가 필요한 정보만을 검색하는 스크리너 기능 또한 유용합니다.

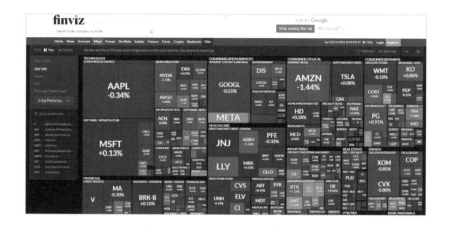

팁랭크(tipranks.com)

미국 월스트리트 애널리스트들의 개별기업에 대한 목표주가를 확인할 수
있는 사이트입니다. 단순한 목표주가뿐만 아니라 애널리스트들의 판단에
근거한 점수, 애널리스트의 컨센서스, 블로그에서 언급하는 종목에 대한
반응도(Blogger Sentiment), 헤지펀드 트렌드(Hedge Fund Trend), 내부자 거래
정보(Insider Transactions) 등에 대해 정보를 얻을 수 있습니다.

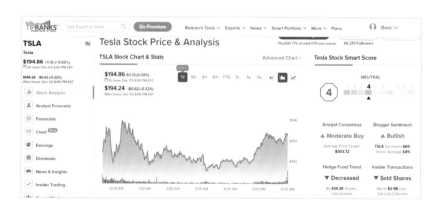

포트폴리오 비주얼라이저(www.portfoliovisualizer.com)

한 종목만이 아니라 여러 종목에 분산투자하는 것을 포트폴리오를 구성한다고 표현합니다. 이때 내가 투자한 기업, 즉 나의 포트폴리오가 과거에 얼마나 좋은 성과를 거두었는지 알아보고 싶을 때 사용할 수 있는 사이트가 바로 포트폴리오 비주얼라이저입니다. 일정 기간 동안의 수익률과 변동성 등을 백테스팅할 수 있고, 해당 결과 값들을 다시 같은 기간의 시장 수익률인 S&P500 지수 혹은 나스닥 지수와도 비교할 수 있습니다.

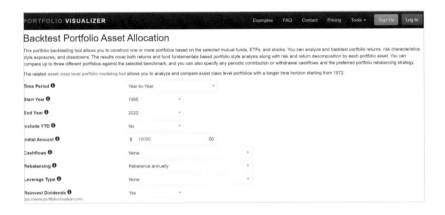

ETF닷컴(www.etf.com)

국내 투자자들이 보유한 상위 10개 해외기업 중 3개가 ETF일 만큼 ETF에 대한 투자자들의 관심도 매우 높습니다. ETF에 투자하고 싶을 때 ETF닷컴만큼 많은 정보를 일목요연하게 제공하는 곳도 드뭅니다. 내가 원하는 ETF에 대한 검색부터 ETF 보유 종목 현황, ETF 운용 보수, 재무정보 등 필요한 정보들을 제공해줍니다.

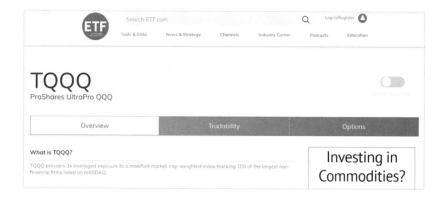

피델리티자산운용(www.fidelity.com)

세계에서 가장 뛰어난 펀드매니저 중 한 명인 피터 린치(Peter Lynch)가 속했던 자산운용사인 피델리티의 사이트입니다. 피델리티 사이트에서 국내 투자자들이 가장 많이 활용하는 곳은 바로 미국 주식의 섹터별 성과지표입니다. 특정 기간 동안 어떤 섹터의 수익률이 좋았는지 한눈에 확인할 수 있어 현재 주식시장의 흐름을 파악하는 데 도움을 줍니다.

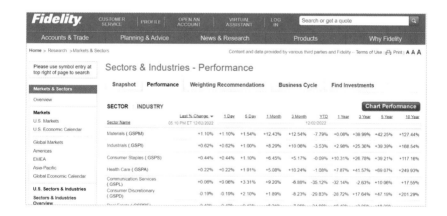

스톡로우(stockrow.com)

최근 10년 동안의 재무제표를 한눈에 파악해볼 수 있도록 표로 정리한 사이트입니다. 매출, 영업이익, 순이익 등과 같은 재무제표뿐만 아니라 최근 10년 동안 시장에서 받았던 PER, PBR 등 밸류에이션 지표도 같이 정리되어 있어 유용합니다.

2013	2014	2015	2016	2017	2018	2019	2020	2021	2022	2023	2024	2025	
170,910.00	182,795.00	233,715.00	215,639.00	229,234.00	265,595.00	260,174.00	274,515.00	365,817.00	394,328.00	406,867.00	429,594.00	451,832.00	Revenue
37.62%	38.59%	40.06%	39.08%	38.47%	38.34%	37.82%	38.23%	41.78%	43.31%	-			Gross Margin
50,356.00	53,483.00	72,515.00	61,372.00	64,089.00	72,903.00	65,737.00	67,091.00	109,207.00	119,303.00	117,229.00	124,232.00	126,773.00	EBT
29.35%	29.26%	31.03%	28.46%	27.96%	27.45%	25.27%	24.44%	29.85%	30.20%	28.81%	28.92%	27.01%	EBT Margin
37,037.00	39,510.00	53,394.00	45,687.00	48,351.00	59,531.00	55,256.00	57,411.00	94,680.00	99,803.00	98,335.00	103,699.00	106,899.00	Net Income
11.9%	15.56	11.93	13.59	16.63	18.99	18.76	35.12	75.00	22.62	23.70	21.70	20.50	PE Ratio
2.58	3.35	2.72	2.87	3.50	4.24	3.98	7.32	6.38	5.62	5.79	5.48	5.21	PS Ratio
3.57	5.50	5.32	4.82	5.99	10.51	11.43	30.76	36.98	43.72	42.37	36.72	32.57	PB Ratio
2.44	3.41	2.81	2.96	3.68	4.42	4.00	7.40	6.58	5.83	5.84	5.30	5.02	EV/Sales
9.37	12.49	9.42	12.00	16.30	18.31	17.68	27.66	25.89	20.63	-			EV/FCF
6.60	7.51	10.16	9.85	10.98	13.40	14.09	15.82	21.90	24.32	25.58	27.00	28.40	Revenue/Sh
1.43	1.62	2.32	2.09	2.32	3.00	2.99	3.31	5.67	6.15	6.24	6.81	7.21	Earnings/Sh
2.07	2.45	3.53	3.03	3.08	3.91	3.76	4.65	6.23	7.53	7.17	8.10	9.30	Cash Flow/Sh
(0.25)	(0.40)	(0.50)	(0.60)	(0.60)	(0.67)	(0.57)	(0.42)	(0.66)	(0.66)	(0.75)	(0.80)	(0.80)	Capex/Sh
4.77	4.58	5.19	5.86	6.42	5.41	4.90	3.71	3.78	3.12	3.51	4.03	4.68	Book Value/Sh
25,909.28	24,342.29	23,013.68	21,883.28	20,868.97	19,821.51	18,471.34	17,352.12	16,701.27	16,215.96	15,908.12	15,908.12	15,908.12	Shares
53,666.00	59,773.00	81,266.00	66,231.00	64,225.00	77,434.00	69,391.00	80,674.00	104,038.00	122,351.00	116,916.00	127,497.00	131,500.00	Watchlist

트레이딩뷰(kr.tradingview.com)

전 세계 주식, 채권, 외환, 비트코인 등 다양한 자산을 한 차트에서 비교할 수 있는 강력한 차트 툴을 제공하는 트레이딩뷰의 한국어 버전입니다. 트레이딩뷰에서 제공하는 차트 툴을 한국어로 손쉽게 접근할 수 있다는 장점이 있습니다. 반면 영어로 된 사이트(tradingview.com)의 경우 해외주식 투자 아이디어가 많이 올라온다는 장점이 존재합니다.

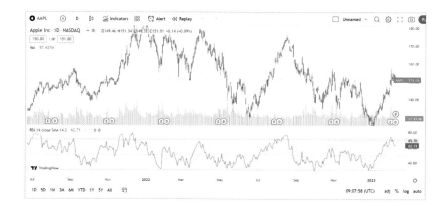

경제지표 알아보기

"만약 여러분이 매년 거시경제를 공부하는데 13분을 사용한다면 10분은 낭비하는 셈입니다."

거시경제지표 공부의 무용함을 뜻하는 월가의 전설적인 펀드매니저 피터 린치의 유명한 발언입니다. 피터 린치뿐 아니라 월가의 가치투자자 대부들은 한결같이 경제지표를 공부하는 것이 주식투자에는 큰 도움이 되지 않는다고 이야기합니다.

하지만 우리는 생각보다 더 자주 경제뉴스를 접하게 됩니다. '미국의 신규 고용지표가 좋게 나왔다, ISM 제조업 지수가 예상치를 웃돌았다. 비농업고용지표가 나빴다' 등과 같은 이야기들을 말이죠. 이러한 거시경제지표들은 기업의 실적과 밀접하게 연관되어 있기 때문에 주식투자자로서는 이런 뉴스들에 자연스럽게 관심을 갖게 됩니다. 해당 내용들을 공부하는 것이 실제 주식투자에는 도움이 되지 않는다는 투자 대가들의 조언에도 불구하고 말이죠.

그래서 이번 방과 후 과정에서는 세계 경기의 흐름을 확인할 수 있는 거시경제지표에는 어떤 것들이 있고, 이러한 지표들은 어디에서 확인할 수 있는지 알아보도록 하겠습니다.

FRED(fred,stlouisfed,org)

거시경제지표 중 주식시장에 가장 중요한 지표 하나만 꼽으라면 단연 금리를 꼽을 것입니다. FRED는 세인트루인스 연방준비위원회에서 제공하는 경제데이터로 미국 연준의 기준금리, 통화량, 장단기 금리차 등을 확인할 수 있습니다.

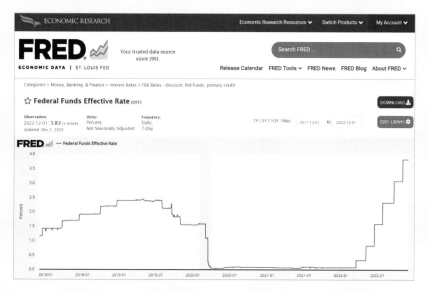

트레이딩 이코노믹스(tradingeconomics,com)

금리 외에도 투자자들이 참고하는 경제지표에는 여러 종류가 있습니다. 미국 노동부가 발표하는 고용보고서, 주간 신규 실업수당 청구건수, 소비자물가지수, 생산자물가지수, 소매판매지표, ISM 구매관리자 지수, 내구재 주문 등이 있죠. 게다가 이러한 경제지표들은 각 나라의 중앙부처가 집계하는 경우가 많기 때문에 나라별로도 발표하는 곳이 제각각입니다. 이렇게 수많은 경제지표들을 정리해 한곳에서 보여주는 곳이 바로 트레이딩 이코노믹스입

			Actual	Previous	Consensus	Forecast	
Tuesday December 06 2022							
12:00 AM	US	ISM Non-Manufacturing PMI NOV		54.4	53.1	53	
12:30 PM	AU	RBA Interest Rate Decision		2.85%	3.1%	3.1%	
10:30 PM	CA	Balance of Trade OCT		C$1.14B	C$1B	C$3.4B	
10:30 PM	US	Balance of Trade OCT		$-73.3B	$-79.1B	$-73B	
Wednesday December 07 2022			Actual	Previous	Consensus	Forecast	
12:00 AM	CA	Ivey PMI s.a NOV		50.1		49	
09:30 AM	AU	GDP Growth Rate QoQ Q3		0.9%	0.7%	0.8%	
09:30 AM	AU	GDP Growth Rate YoY Q3		3.6%	6.3%	6.4%	
12:00 PM	CN	Balance of Trade NOV		$85.15B	$78.1B	$81B	
01:30 PM	IN	RBI Interest Rate Decision		5.9%	6.25%	6.15%	
Thursday December 08 2022			Actual	Previous	Consensus	Forecast	
12:00 AM	CA	BoC Interest Rate Decision		3.75%	4.25%	4%	

니다. 이 사이트에서는 경제지표의 중요도에 따라 필터를 적용해볼 수 있어 중요한 경제지표들만 추적이 가능합니다.

피델리티(www.fidelity.com)

우리가 경제지표를 공부하는 가장 중요한 이유는 현재 경기가 확장, 후퇴, 수축, 회복 이 4가지 사이클 중 어디쯤에 있는지 판단하기 위함입니다. 그런데 하나하나 구체적인 경제지표를 들여다본다고 해서 그 지표들만 가지고 현재 경기사이클의 위치를 판단하기란 매우 어렵습니다. 피델리티에서는 현재 경기사이클이 어느 수준에 있는지 나라별로 경기사이클을 제시해줍니다. 피델리티의 경기사이클을 확인하는 방법은 다음과 같습니다.

• 피델리티 홈페이지 접속
• News & Research 클릭

- Markets & Sectors ⇨ Sectors & Industries Overview 클릭

- Business Cycle 클릭

- Review the most recent Business Cycle Analysis 클릭

PART 3

"10년 이상 보유하지 않으려면 10분도 보유하지 마라."

투자의 대가 워런 버핏이 남긴 유명한 어록입니다. 그는 이 말을 통해 주식을 매수한다는 것은 기업의 주주가 된다는 것을 강조하려던 것 아닐까요. 기업의 주주가 된다는 것은 주가의 하루하루 등락에 일희일비하는 것이 아니라, 내가 기업의 주인으로서 우리 기업이 사업에서 성공할 수 있을지를 따져봐야 하니까요. 한 종목의 주주가 되어 투자하려면 도대체 어떤 것들을 공부하고 알아두어야 할까요?

이번 파트에서는 본격적으로 해외주식 개별종목에 투자하기 위해 알아야 하는 것들을 공부해보겠습니다. 앞에서는 해외주식 투자가 국내주식 투자와 다른 점들에 초점을 맞췄다면 이번에는 해외주식 투자 역시 국내주식 투자와 유사한 점들을 다루게 됩니다. 투자란 결국 남들보다 싸게 사서 비싸게 파는 행위입니다. 이런 관점에서 보면 해외주식 투자도 국내주식 투자와 크게 다르지 않습니다. 그럼 지금부터 해외주식 개별종목에 투자하기 위해 알아야 할 것들을 하나씩 배워보겠습니다.

해외주식유치원
3학년

해외주식 실전투자 1
개별종목 투자

5장 해외주식 개별종목 투자법

해외주식에 투자하려면 기업에 대해 무엇을 얼마나 많이 알아야 할까요? 그보다 앞서 주식시장에 상장되어 있는 수천 개의 기업 중에서 내가 투자할만한 기업은 어떻게 추릴 수 있을까요? 내가 원하는 특정한 조건을 만족시키는 기업을 찾으려면 어떻게 하면 될까요? 이번 장에서는 해외주식 개별종목 투자 시 투자자가 가장 먼저 마주하게 될 질문들에 대해 공부해보도록 하겠습니다.

- 해외주식 개별종목 중 관심 기업 픽하는 방법 2가지
- 해외주식 개별종목 투자에서 섹터를 주목해야 하는 이유
- 해외주식 개별종목 나만의 기준으로 종목 검색하는 방법
- 해외주식 개별종목 무엇을 공부해야 하나
- 해외주식 개별종목 기술적 분석은 어떻게 하나

방과 후 과정 5 | 워런 버핏, 레이 달리오가 투자한 기업

해외주식 개별종목 중
관심 기업 픽하는 방법 2가지

2022년 9월 기준으로 미국 증권거래소인 뉴욕거래소와 나스닥을 합쳐 6,300개가 넘는 기업이 미국 주식시장에 상장되어 있습니다. 하루에 1개 기업을 분석한다고 해도 이들 기업을 전부 분석하려면 17년이란 세월이 걸립니다. 17년 동안 새롭게 상장되는 기업은 하나도 없다고 가정한 채로 말이죠. 미국 주식시장만 해도 6,000개가 넘으니 전 세계 주식시장에 있는 기업들을 대상으로 한다면 그 숫자는 훨씬 더 커질 것입니다.

따라서 내가 분석할 수 있는 수많은 기업 중에서 먼저 나의 관심 기업에 등록할만한 기업을 추리는 일은 관심 기업을 분석하는 일만큼이나 중요한 작업입니다. 나의 시간과 열정을 쏟아 어떤 기업을 분석했는데 사실 이 기업이 주목할만한 기업이 아니었다고 판단되면 그동안 기업분석을 위해 쏟은 나의 시간과 노력이 헛되이 버려질 수 있습니다. 따라서 관심 기업을 잘 정리하는 것은 매우 중요한 작업이 됩니다.

관심 기업을 결정하는 방법은 크게 2가지로 분류할 수 있습니다. 첫 번째는 산업분석에서 시작해 기업으로 분석을 확장해가는 톱다운(Top-down) 방식입니다.

톱다운 접근법은 산업분석에서 시작해 개별기업으로 분석을 좁혀나가는 방법입니다. 이 방법은 기업을 선택하기 전에 먼저 산업을 분석해서 미래에 잘 나갈 산업을 선별하는 과정입니다. 산업의 성장률이 높고 시장의 크기가 점점 커진다면 이러한 성장의 과실을 향유할 기업도 드러나기 마련이니까요. 기업에 생애주기가 있는 것처럼 산업에도 생애주기(Industry Life Cycle)가 존재합니다.

◆ 산업 생애주기

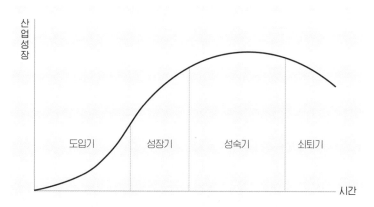

※ 출처: https://fundsnetservices.com/industry-life-cycle

어떤 산업이든 도입기, 성장기, 성숙기를 거쳐 쇠퇴기에 이르게 됩니다. 도입기(Introduction) 단계는 이제 막 제품이 시장에 등장하는 단계입니다. 이때는 시장의 크기가 작고, 해당 제품을 사용하는 얼리 어답터의 수도 많지 않습니다. 산업이 이제 막 커지기 위해 태동하는 단계죠.

도입기를 지나 본격적인 성장기(Growth)에 접어들면 많은 기업은 새로운 산업이 창출해내는 수요를 충족시키기 위해 다양한 제품과 서비스를 만들어냅니다. 그 결과 대중들이 해당 제품과 서비스를 인지하고 본격적인 소비에 나섭니다.

성장기를 거쳐 성숙기(Maturity)에 접어들면 해당 산업의 지배적인 사업자들이 명확해지고 이익도 일정한 수준으로 감소하게 됩니다. 이익이 폭발적인 수준으로 증가하지는 않지만 기존 사업자들이 구축해둔 진입장벽과 정부의 규제 등으로 새로운 사업자가 거의 등장하지 않습니다.

성장기를 지나면 산업은 더 이상 나아가지 못해 마이너스 성장이 이루어지고 시장이 축소되면서 쇠퇴기(Decline)에 접어듭니다. 이때 해당 산업은 서서히 새로운 산업으로 대체됩니다.

여러분은 어떤 단계에 위치한 산업에 투자하고 싶은가요? 각 산업의 단계별 장단점이 뚜렷하기 때문에 정답은 존재하지 않습니다. 물론 쇠퇴기 산업에 투자하고자 하는 투자자는 없겠지만요.

산업이 폭발적으로 성장하는 성장기에 속한 기업들의 특징은 보통 높은 기업가치를 평가받게 됩니다. 산업의 성장과 함께 회사의 고성장이 이루어지는 시기로 당장 큰 수익을 얻기보다는 과감한 투자와 시장 지위를 확보하기 위해 여러 비용이 발생하는 단계이기 때문입니다. 당장 벌어들이는 돈은 적으나 앞으로 벌어들일 돈이 많을 것으로 기대되기 때문에 '성장주'라 불리며, 이 주식은 높은 가치로 거래됩니다.

반대로 성숙기 산업에 접어든 기업들은 대체로 낮은 가치를 평가받습니다. 해당 산업에서 안정적인 시장 지위를 확보한 기업들은 매년 꾸준히 이익을 창출하지만, 이러한 이익이 미래에 크게 성장하지 못할 것이라는 투자자들의 의심이 깔려 있는 단계죠. 당장 벌어들이는 이익은 크지만 기업의 가치가 미래 성장을 반영하지는 못하기 때문에 '가치주'라 불리며, 보통 낮은 가치로 거래됩니다.

결국 톱다운 접근법으로 산업분석을 한다는 것은 내가 어떤 기업에 투자할 것인지와 직결됩니다. 전기차, 신재생에너지, 항공우주, 인공지능과 같이 앞으로 성장 가능성이 높을 것으로 예상되는 산업에 속한 기업들은 미래 가치는 높지만 현재는 그만큼 이익을 내지 못하는 경우가 많습니다. 반면 통신, 정유, 식음료 등은 이미 성숙기에 접어든 산업이기에 경쟁이 덜하지만 미래의 성장 가능성은 낮을 수 있죠.

산업이 아닌 개별기업에 초점을 맞춰 관심 기업을 발견하는 접근도 있습니다. 개별기업 분석에서 시작해 관련 산업으로 리서치를 확장해나가는 것을 보텀업(Bottom-up) 방식이라고 합니다.

전설적인 펀드매니저 피터 린치는 일반인이 얻을 수 있는 좋은 투자 아이디어는 자신의 생활반경 주변에서 찾으라고 조언했었죠. 나와 내 주변 사람들의 소비가 어떤 회사의 제품과 서비스로 이어지는지 관찰해 투자 아이디어를 떠올리는 것은 전형적인 보텀업 접근법입니다.

보텀업 방식으로 접근하기 쉬운 기업에는 소비재 기업이 있습니다. 소비재 기업이란 소비자들이 일상생활에서 소비를 통해 접하는 기업들입니다. 마트에 가면 볼 수 있는 수많은 제품들을 만드는 회사가 여기에 해당하죠. 워런 버핏이 코카콜라에 투자하고, 피터 린치가 소비재 기업들을 좋아했던 이유도 어떤 제품인지 눈으로 확인할 수 있고 직접 소비 현장에서 소비자들의 반응을 살펴볼 수 있기 때문이었습니다.

일상생활에서 커피를 마실 때 스타벅스만 고집한다면 스타벅스에 대해 관심을 갖고 분석하기 시작하는 것, 아이가 이번 생일 선물로 나이키 운동화를 사달라고 하면 나이키에 관심을 갖고 분석하는 것, 10년째 금연하지 못하는 아빠를 보며 필립 모리스를 분석하는 것 등과 같이 보텀업 방식은 우리 일상생활의 소비에서 주식 분석을 시작하는 방법입니다.

우리의 지갑이 어떤 회사에 열리는가를 보는 것 외에 보텀업 방식의 또 다른 좋은 출발점은 바로 내가 하는 일과 관련된 회사를 분석하는 것입니다. 건설회사에 다닌다면 건설회사 혹은 건설회사를 상대로 영업하는 건설자재 회사를, 화학회사에 다닌다면 화학 제품을 생산하는 회사들을 분석하는 것처럼 나의 직업과 관련 있는 회사들을 분석하면 다른 일반인보다 산업에 대한 지식도 많고, 분석 또한 재미있기 때문에 보텀업 방식으로 하기에 적절할 수 있습니다.

상장된 수많은 기업 중에서 어떤 기업들을 나의 관심종목 리스트에 등록할지는 매우 중요합니다. 주식투자가 처음인 투자자라면 시가총액이 큰 유명한 회사들만 아는 경우가 많죠. 그렇다면 내가 일상생활에서도 들어본 기업, 또는 내가 평소 관심있던 산업분석을 시작해보세요. 톱다운 방식이든 보텀업 방식이든 중요한 것은 나의 관심사가 곧 투자의 시작점이 된다는 사실입니다.

해외주식 개별종목 투자에서
섹터를 주목해야 하는 이유

섹터(Sector)란 단어 혹시 들어보셨나요? 섹터란 산업군보다 조금 더 넓은 범위의 개념으로 비슷한 산업들을 모은 그룹을 의미합니다. 미국 대표 주가 지수인 S&P500은 MSCI와 S&P가 공동으로 개발한 GICS(The Global Industry Classification Standard, 글로벌 산업분류기준) 분류체계를 따릅니다. GICS 분류체계는 11개의 섹터와 24개의 산업군, 69개의 산업 그리고 158개의 하부산업으로 분류됩니다. 여기서 11개의 섹터는 에너지, 소재, 산업재, 임의소비재, 필수소비재, 헬스케어, 금융, 정보기술, 커뮤니케이션 서비스, 유틸리티, 부동산입니다.

개별종목에 투자할 때 섹터를 주목해야 하는 이유는 같은 섹터에 속한 기업들은 유사한 주가 추이를 보이는 경향이 있기 때문입니다. 이는 같은 섹터 내 비슷한 비즈니스 모델을 갖춘 기업의 경우 산업의 업황이 좋아지면 개별기업의 실적이 다 같이 좋아지는 외부환경이 만들어지고, 반대로 산업의 업황이 나빠지면 개별기업의 실적 또한 나빠지는 환경이 조성되기 때문입니다. 즉 앞으로 어떤 섹터가 좋아질지에 대한 상대 비교를 통해 좋아질 섹터를 고를 수만 있다면 그다음으로 해당 섹터 내에서 경쟁력 있는 기업을 고르는 작업을 할 수 있는 것이죠.

섹터를 주목해야 하는 두 번째 이유는 바로 분산효과입니다. 개별종목에 투자할 때 투자금을 한 종목이 아니라 여러 종목에 분산해서 투자해야 개별기업 리스크를 분산시킬 수 있죠. 이를 앞에서도 설명한 포트폴리오 효과라고 하는데요. 이러한 포트폴리오 효과를 얻기 위해서는 종목 간의 상관계수가 낮아야 합니다.

상관계수란 주가가 비슷하게 움직이는 경향을 말해요. 상관계수가 1에 가까울수록 주가의 움직임이 유사하고, 상관계수가 −1에 가까울수록 주가가 반대로 움직입니다. 같은 섹터, 같은 산업군의 종목은 이러한 상관계수가 1에 가깝게 형성됩니다. 따라서 내가 투자할 종목을 3개 고르는데 3개모두 같은 섹터에서 고른다면 나는 포트폴리오 분산효과를 고려하지 않은 셈이죠.

그렇다면 가장 높은 수익률을 가져다줄 섹터는 어떻게 찾을 수 있을까요? 다음의 그림은 2007년부터 2022년까지 S&P500 내에서 각 섹터의 수익률이 높은 순서대로 정리한 것입니다. 각 연도의 가장 상단에는 그해 수익률

◆ 2007~2022년까지의 S&P500 섹터 수익률

2007	2008	2009	2010	2011	2012	2013	2014	2015	2016	2017	2018	2019	2020	2021	YTD
ENRS 34.4%	CONS -15.4%	INFT 61.7%	REAL 32.3%	UTIL 19.9%	FINL 28.8%	COND 43.1%	REAL 30.2%	COND 10.1%	ENRS 27.4%	INFT 38.8%	HLTH 6.5%	INFT 50.3%	INFT 43.9%	ENRS 54.6%	ENRS 31.8%
MATR 22.8%	HLTH -22.8%	MATR 48.6%	COND 27.7%	CONS 14.0%	COND 23.9%	HLTH 41.5%	UTIL 29.0%	HLTH 6.9%	TELS 23.5%	MATR 23.8%	UTIL 4.1%	TELS 32.7%	COND 33.3%	REAL 46.2%	UTIL -0.6%
UTIL 19.4%	UTIL -29.0%	COND 41.3%	INDU 26.7%	HLTH 12.7%	REAL 19.7%	INDU 40.7%	HLTH 25.3%	CONS 6.6%	FINL 22.8%	COND 23.0%	COND 0.8%	FINL 32.1%	TELS 23.6%	FINL 35.0%	CONS -5.6%
INFT 16.3%	TELS -30.5%	REAL 27.1%	MATR 22.2%	REAL 11.4%	TELS 18.3%	FINL 35.6%	INFT 20.1%	INFT 5.9%	INDU 18.9%	FINL 22.2%	INFT -0.3%	S&P 31.5%	MATR 20.7%	INFT 34.5%	HLTH -8.3%
CONS 14.2%	COND -33.5%	S&P 26.5%	ENRS 20.5%	TELS 6.3%	HLTH 17.9%	S&P 32.4%	CONS 16.0%	REAL 4.7%	MATR 16.7%	HLTH 22.1%	REAL -2.2%	INDU 29.4%	S&P 18.4%	S&P 28.7%	INDU -16.8%
INDU 12.0%	ENRS -34.9%	INDU 20.9%	TELS 19.0%	COND 6.1%	S&P 16.0%	INFT 28.4%	FINL 15.2%	TELS 3.4%	UTIL 16.3%	S&P 21.8%	S&P -4.4%	REAL 29.0%	HLTH 13.5%	MATR 27.3%	MATR -17.9%
TELS 11.9%	S&P -37.0%	HLTH 19.7%	S&P 15.1%	ENRS 4.7%	INDU 15.4%	CONS 26.1%	S&P 13.7%	S&P 1.4%	INFT 13.9%	INDU 21.0%	CONS -8.4%	COND 27.9%	INDU 11.1%	HLTH 26.1%	FINL -18.7%
HLTH 7.2%	INDU -39.9%	FINL 17.2%	CONS 14.1%	INFT 2.4%	MATR 15.0%	MATR 25.6%	INDU 9.8%	FINL -1.5%	S&P 12.0%	CONS 13.5%	TELS -12.5%	CONS 27.6%	CONS 10.8%	COND 24.4%	S&P -20.0%
S&P 5.5%	REAL -42.3%	CONS 14.9%	FINL 12.1%	S&P 2.1%	INFT 14.8%	ENRS 25.1%	COND 9.7%	INDU -2.5%	COND 6.0%	UTIL 12.1%	FINL -13.0%	UTIL 26.4%	UTIL 0.5%	TELS 21.6%	REAL -20.8%
COND -13.2%	INFT -43.1%	ENRS 13.8%	INFT 10.2%	INDU -0.6%	CONS 10.8%	UTIL 13.2%	MATR 6.9%	UTIL -4.8%	CONS 5.4%	REAL 10.9%	INDU -13.3%	MATR 24.6%	FINL -1.7%	INDU 21.1%	INFT -26.9%
REAL -17.9%	MATR -45.7%	UTIL 11.9%	UTIL 5.5%	MATR -9.6%	ENRS 4.6%	TELS 11.5%	TELS 3.0%	MATR -8.4%	REAL 3.4%	ENRS -1.0%	MATR -14.7%	HLTH 20.8%	REAL -2.2%	CONS 18.6%	TELS -30.2%
FINL -18.6%	FINL -55.3%	TELS 8.9%	HLTH 2.9%	FINL -17.1%	UTIL 1.3%	REAL 1.6%	ENRS -7.8%	ENRS -21.1%	HLTH -2.7%	TELS -1.3%	ENRS -18.1%	ENRS 11.8%	ENRS -33.7%	UTIL 17.7%	COND -32.8%

Abbr.	Sector Index	Annual	Best	Worst
COND	S&P 500 Consumer Discretionary Index	13.41%	43.1%	-33.5%
CONS	S&P 500 Consumer Staples Index	10.67%	27.6%	-15.4%
ENRS	S&P 500 Energy Index	2.35%	54.0%	-34.9%
FINL	S&P 500 Financials Index	3.99%	35.6%	-55.3%
HLTH	S&P 500 Health Care Index	12.18%	41.5%	-22.8%
INDU	S&P 500 Industrials Index	9.43%	40.7%	-39.9%
INFT	S&P 500 Information Technology Index	16.88%	61.7%	-43.1%
MATR	S&P 500 Materials Index	9.00%	48.6%	-45.7%
REAL	S&P 500 Real Estate Index	7.70%	46.2%	-42.3%
TELS	S&P 500 Communication Services Index	8.06%	32.7%	-30.5%
UTIL	S&P 500 Utilities Index	8.55%	29.0%	-29.0%
S&P	S&P 500 Index	10.66%	32.4%	-37.0%

※ 출처: novelinvestor.com

이 가장 높았던 섹터를, 하단에는 그해 수익률이 가장 낮았던 섹터를 보여줍니다. 이 그림을 통해 우리는 장기간 수익률 1위를 차지하는 섹터는 없다는 사실을 알 수 있습니다. 다시 말해 어떤 섹터도 매년 수익률 상위를 차지하지는 못했다는 뜻이기도 합니다.

2018년부터 무려 3년 연속으로 섹터 수익률 최하위를 기록한 에너지 섹터만 보더라도 그렇습니다. 3년 연속 최악의 섹터로 기록됐지만 2021년과 2022년에는 에너지 수요 회복과 러시아-우크라이나 전쟁 등으로 에너지 가격이 크게 상승하면서 2년 연속 섹터 수익률 1위를 기록했습니다.

이러한 섹터별 수익률에 대한 순위를 정리한 자료들이 개별주식 투자에 주는 시사점은 지금의 주식시장 수익률 1위가 영원하지 않다는 점입니다. 2017년부터 시작된 소위 빅테크 기업들의 주가 상승은 대단했습니다. 실제로 앞의 그림에서 주황색으로 표시된 정보기술 섹터는 2017년부터 4년 동안 무려 3회나 가장 수익률이 좋았습니다.

정보기술 섹터에는 우리가 잘 알고 있는 빅테크 기업들이 많이 포함되어 있죠. 시가총액 1, 2위 기업인 애플과 마이크로소프트처럼 말이죠. 애플과 마이크로소프트가 혁신을 거듭하며 전 세계를 선도하는 위대한 기업임은 이견의 여지가 없습니다. 다만 우리가 투자자로서 주의할 점은 좋은 기업이라 하더라도 특정 기간에서는 수익률이 다른 기업 대비 부진하거나 더 나쁠 수도 있다는 점입니다.

해외주식 개별종목
나만의 기준으로 종목 검색하는 방법

주식투자를 통해 큰 수익을 거둔 투자 고수들의 인터뷰를 살펴보면 한 가지 공통점이 보입니다. 이는 바로 자신만의 종목을 발굴하고 이에 대해 공부하고 시장에서 그 가치를 알아줄 때까지 기다렸다는 점입니다. 주식시장에서 남들보다 더 나은 성과를 이루려면 남들이 모두 매수하는 종목, 대중의 관심이 집중된 종목보다는 그렇지 않은 종목에서 기회를 찾아야 합니다.

그렇다면 해외 주식시장에서는 어떻게 이런 종목을 발굴해낼 수 있을까요? 시작하기 전부터 두려움이 생긴다면 너무 걱정하지 마세요. 생각보다 간단하고 쉽게 우리의 리서치를 도와주는 강력한 도구들이 있습니다.

증권사 HTS를 잘 활용하는 투자자들은 한 번쯤 '조건검색'이라는 기능을 이용해봤을 거예요. 여기서 '조건검색'이란 내가 원하는 조건들을 입력하고 그 조건에 부합하는 주식을 찾는 기능입니다. 예를 들면 ① 시가총액은 5천억 원 이하이면서 ② 최근 3년 매출액 성장률이 10% 이상이고 ③ PER 지표* 는 10배 이하인 종목을 조건으로 지정하여 찾는 것처럼 말이죠.

짚어보기 ★ PER Price Earning Ratio의 약자로 주가수익비율을 말합니다. 주가를 회사의 1주당 순이익으로 나눴을 때 몇 배가 되는지를 파악할 수 있는 지표로, 다양한 회사를 간단한 계산으로 비교해볼 수 있다는 장점이 있습니다.

해외주식에서도 나만의 종목을 핀비즈라는 사이트의 Screener 기능을 통해 찾을 수 있습니다. 해당 사이트에서 제공하는 Screener 기능에는 검색조건을 다양하게 지정할 수 있는데, 이러한 검색조건은 3가지 카테고리로 나뉩니다.

먼저 [Descriptive] 탭에서는 주가와 관련 있는 지표들을 설정할 수 있습니

* 핀비즈에서 제공하는 Screener 기능

※ 출처: finviz.com

다. 상장되어 있는 주식시장 혹은 나라, 섹터와 산업, 시가총액의 크기인 Market Cap, 배당수익률인 Dividend Yield, 주식의 현재 공매도 비중을 확인할 수 있는 Float Short, 애널리스트의 투자 의견인 Analyst Recom 등을 조건으로 설정할 수 있습니다.

두 번째 [Fundamental] 탭에서는 기업의 재무제표와 관련된 지표들을 검색할 수 있습니다. PER, Forward PER, PEG, PSR, PBR, Price to FCF, EPS growth 등 투자자들이 기업가치를 평가할 때 자주 살펴보는 재무비율, 밸류에이션 등을 검색조건으로 설정할 수 있습니다.

마지막으로 [Technical] 탭에서는 기술적 분석에 초점을 맞춰 검색조건을 지정할 수 있습니다. 20일 이동평균선과 50일 이동평균선을 이용한 조건 설정, RSI 지표*를 이용한 조건 설정, 52주 신고가, 신저가를 이용한 조건 등 다양하게 설정할 수 있습니다.

> 짚어보기 ✦ RSI Relative Strength Index의 약자로 상대강도지수를 말합니다. RSI 지표는 과매수와 과매도를 파악하는데 주로 사용되며, RSI 지표가 30 이하이면 주가가 과매도권에 있음을, 반대로 70 이상이면 주가가 과매수권에 있음을 나타냅니다.

투자에서는 남들이 가치를 알아보기 전에 내가 먼저 그 가치를 알아볼 때 기회가 생깁니다. 남들이 모두 관심 갖고 있는 종목, 증권사 리포트에서 소개하는 종목이 아닌 나만의 기준으로 종목을 검색한다면 이러한 기회를 남들보다 빠르게 발견할지도 모릅니다.

해외주식 개별종목
무엇을 공부해야 하나

해외주식 개별종목에 투자하기 위해서는 결국 기업에 대한 이해도와 투자에 대한 확신이 중요합니다. 투자의 고수와 하수가 가장 크게 차이나는 부분도 바로 이 부분이죠. 주식을 매수할 때는 고수와 하수의 차이가 크게 드러나지 않습니다. 정도의 차이는 있겠지만 고수와 하수 모두 내가 매수한 기업의 주가가 향후 상승할 것이라는 기대감으로 주식을 매수하게 되죠.

보통 고수와 하수의 차이가 발생하는 부분은 해당 기업에 대한 주가가 하락할 때입니다. 내가 예상한 것과 반대로 주가가 하락하게 되면 모두가 손실에 대한 공포를 느낍니다. 하지만 공포를 느낀다고 해서 모두가 똑같이 행동하는 것은 아닙니다. 해당 기업에 대한 공부가 잘되어 있고 확신이 있는 투자자라면 주가가 하락했을 때 이는 투자를 늘릴 좋은 기회라고 판단하죠. 반면 해당 기업에 대한 깊이 있는 공부 없이 투자를 진행했다면 주가가 하락했을 때 손실에 대한 큰 고통과 함께 추가 하락에 대한 공포를 느끼고 손절을 택하게 됩니다.

결국 투자 공부는 개별기업에 대한 이해도를 높여가면서 내가 분석해 잘 이해하고 있는 산업과 기업으로 늘려가는 것입니다. 워런 버핏은 이를 두고 'Circle of Competence(능력 범위)'라고 표현했죠. 내가 잘 알고 있는 자신의 능력 범위 안에서만 투자를 집행해야 한다는 말입니다.

서론이 길었지만 결국 개별기업에 대한 이해도를 어떻게 하면 높일 것인가가 투자의 기본이자 핵심이 됩니다. 그렇다면 기업에 대한 이해도를 높인다는 것은 무엇을 의미하는 것일까요? 이는 기업의 비즈니스 모델, 주요 제품 및 서비스, 타깃 시장과 소비자, 속해 있는 산업의 밸류체인, 기업의 기술력과 역사, 주요 경영진 등에 대해 공부하는 것을 말합니다.

그렇다면 이러한 정보는 어디에서 얻을 수 있을까요? 저는 접근성이 가장 좋은 회사의 홈페이지부터 방문하기를 추천합니다. 기업의 홈페이지에서는 회사에 대한 소개를 글뿐만 아니라 사진과 동영상 등 멀티미디어 자료로도 제공하기 때문에 이해하기가 쉽습니다. 또한 회사 홈페이지를 방문할 때 구글과 같은 검색엔진에 '회사명 + IR'을 검색하여 IR(투자정보) 전용 홈페이지가 있는지 확인하는 것도 좋습니다. 소비자에게 직접 상품과 서비스를 판매하는 회사들은 대부분 투자자들에게 정보를 제공하는 IR 홈페이지를 별도로 두는 경우가 많습니다. IR 홈페이지에서 투자자들에게 자

◆ 애플의 IR 페이지

※ 출처: https://investor.apple.com

신의 회사를 소개하는 프레젠테이션 파일을 제공하는 경우 이를 통해 회
사에 대한 이해도를 높일 수 있습니다.

IR 전용 홈페이지에서는 회사의 분기보고서(10-Q)와 연례보고서(10-K)를
제공합니다. 회사의 분기보고서와 연례보고서는 회사에 대한 정보를 얻
는 가장 기본 중의 기본이지만, 그 형식이 딱딱한 데다 내용이 방대해서
초보자는 원하는 정보를 바로 찾기 어려울 수 있습니다.

이럴 때 도움을 받을 수 있는 것이 바로 증권사의 종목분석 리포트입니다.
국내 증권사의 해외리서치가 활발해지면서 국내 투자자들이 많은 관심을
갖는 기업들에 대한 한글 리포트가 존재합니다. 영어로 되어 있는 10-K,
10-Q를 읽기 전에 한글로 되어 있는 회사 분석글을 읽고 나면 이후 공시
자료들을 접할 때 더 빠르고 쉽게 정보를 찾고 이해할 수 있습니다.

분기보고서와 연례보고서에서는 기업의 재무제표를 확인할 수 있습니다. 재무제표는 회사 경영 활동의 성적표이기 때문에 매출액과 영업이익, 순이익의 규모와 추세, 자기자본 대비 어느 정도 이익을 내고 있는지, 기업의 현금흐름이 영업, 재무, 투자 측면에서 어떤지 등을 하나씩 살펴봐야 합니다.

이러한 재무제표 분석에 있어서는 스톡로우(stockrow) 사이트의 도움을 받으면 시각적으로 잘 정리된 데이터를 분석할 수 있습니다. 스톡로우의 [Snapshots] 탭에서는 최근 발표된 재무제표를 포함하여 10년 동안의 매출액과 순이익 추이, 영업 현금흐름과 자본적 지출 추이, 매출액 성장률, 자산과 부채, 그리고 순자산비율 추이, 투자자본 대비 이익률, 매출 총이익률, 주가 대비 잉여 현금흐름 추이, 주가 대비 매출액 추이 등의 지표들을 시각화해 보여줍니다.

◆ 스톡로우 Snapshots을 통해 본 애플의 재무제표 분석 자료

※ 출처: https://stockrow.com/AAPL/snapshots/summary

이러한 시각 차트는 재무제표에서 수치적으로만 보이던 숫자들의 추이를 보여줄 뿐만 아니라 주가의 가치가 어떻게 변해왔는지 또한 파악할 수 있는 유용한 정보들을 제공합니다.

이렇게 홈페이지와 공시자료, 그리고 재무제표의 시각화 데이터를 통해 기업에 대해 공부했다면, 다음으로는 현재 시장에서 해당 기업을 어떻게 분석하고 있는지에 대한 정보를 찾아봐야 합니다. 내가 관심 갖는 기업에 대해 다른 이들은 어떻게 분석했는지 읽어봄으로써 해당 기업의 투자 포인트를 정리할 수 있고, 더 나아가 내가 생각하지 못했던 리스크 요인이나 기회 요인도 찾아볼 수 있습니다.

개인투자자들의 해외주식 투자가 늘어나면서 이제 네이버 블로그, 유튜브 등을 통해 해외기업에 대한 분석 자료를 쉽게 찾아볼 수 있습니다. 할 수 있는 한 다양한 자료를 찾아 기업에 대한 조각을 모으다 보면 내가 분석하는 기업의 큰 그림을 조금씩 그려나갈 수 있습니다.

기업에 대한 공부가 어려운 이유는 공부에 끝이 없기 때문입니다. 마치 시험 범위가 정해져 있지 않은 시험을 준비하는 기분이죠. 따라서 투자자로서는 내가 모든 기업에 관한 정보를 알아야 한다는 강박에서 벗어나되, 내가 할 수 있는 한 최대한 많은 정보를 바탕으로 기업의 가치에 대한 나만의 관점을 세우는 것이 중요합니다.

해외주식 개별종목
기술적 분석은 어떻게 하나

해외주식에 투자하는 개인투자자들이 가장 쉽게 참고할 수 있는 지표는 단연 주가 차트입니다. 언어의 장벽이나 정보 획득의 어려움이 있는 개별 기업의 기본적 분석과 달리, 주가의 움직임을 통해 미래를 예측하는 기술적 분석은 개인투자자들이 접근하기에 훨씬 더 직관적이고 쉽기 때문입니다.

해외주식 차트는 국내주식과 달리 상승과 하락을 표시하는 색깔이 다르다는 점 앞에서 설명했습니다. 하지만 차트 위에 상승과 하락을 표시하는 색깔만 다를 뿐 하루 동안의 주가 움직임을 나타내는 봉차트, 그리고 이동평균선을 이용하여 장기 추세선을 표시하는 방법 등은 국내주식과 다르지 않습니다.

해외주식 투자에 기술적 분석을 적용하는 것 역시 더 이상 어려운 일은 아닙니다. 과거 증권사의 해외주식 정보 제공 서비스가 활성화되기 전에는 해외 웹사이트에 접속해 해외주식에 대한 기술적 분석 차트를 참고해야 했습니다. 하지만 지금은 해외주식 서비스를 제공하는 대부분의 증권사가 기술적 분석을 위한 차트를 기본적으로 제공하고 있습니다.

다만 증권사에서 제공하는 해외주식 차트의 경우 커버하는 시장 범위가 제한적이기도 하고, 특히 2가지 이상의 종목을 비교할 때는 상장된 시장이 다르거나 주식 이외의 금, 은 등의 원자재 혹은 비트코인 같은 상품과는 차트 비교가 어렵다는 단점이 있습니다.

이러한 이유로 해외주식 투자자들은 국내 증권사에서 기본적으로 제공하는 차트 외에 여러 해외 웹사이트를 활용합니다.

해외주식 차트 분석에 있어 자주 활용되는 사이트 중 하나는 야후 파이낸스의 차트 기능입니다. 야후 파이낸스는 해당 기업에 대한 기본적인 정보를 파악하기에 매우 유용한 사이트인데요. 특히 야후 파이낸스에서 기업명을 입력한 후 나타나는 Chart에서 비교 기능인 Comparison을 활용하면 특정 종목을 다른 종목 혹은 시장 지수와 비교할 수 있어 성과 분석에 큰 도움을 받을 수 있습니다.

◆ 야후 파이낸스 차트 비교 기능(파란색 선은 애플의 최근 1년간 주가 흐름, 검은색 선은 S&P500 지수 흐름)

※ 출처: finance.yahoo.com

트레이딩뷰 역시 자주 활용되는 사이트 중 하나입니다. 트레이딩뷰의 주식 차트 기능이 가지는 장점은 전 세계 대부분 국가의 종목을 차트에 불러와 비교할 수 있다는 것입니다. 종목 자체에 대한 정보 제공은 조금 적지만 차트 분석을 위한 간단한 유저 인터페이스와 시각화된 자료를 제공해줍니다.

앞에서 설명한 사이트 외에도 해외주식 차트 분석에는 스톡차트(stockcharts.com), 인베스팅닷컴(investing.com) 등을 참고할 수 있습니다.

◆ 트레이딩뷰 차트 비교 기능을 활용한 애플과 비트코인의 수익률 비교

※ 출처: www.tradingview.com/chart/

워런 버핏, 레이 달리오가 투자한 기업

미국 증권거래위원회는 1억 달러 이상을 운용하는 모든 자산운용사들은 매 분기마다 자신들이 매매한 내역을 13F라는 서류로 공시하도록 하고 있습니다. 제출시점은 분기 말에서 45영업일 이내입니다. 투자자들은 이 13F 리포트 덕분에 세계적으로 유명한 투자자들이 어떤 종목을 매수하고 매도했는지 확인할 수 있죠.

물론 미국 전자공시시스템 에드거에서도 13F 리포트를 직접 확인할 수 있지 만 이를 보다 쉽게 보고 검색할 수 있는 사이트가 있습니다. 바로 웨일위즈 덤(whalewisdom.com)입니다. 해당 웹사이트에서는 자산운용사, 헤지펀드들 이 제출하는 13F 리포트를 사용자 친화적으로 정리해 제공합니다.

웨일위즈덤 사이트의 상단 메뉴에서 Research ⇨ 13F Stats를 클릭하면 시장 에서 가장 많이 알람을 설정해둔 회사, 가장 많이 조회한 회사의 이름이 나 옵니다. 다음 그림에서 보면 워런 버핏이 이끄는 버크셔 해서웨이, 제임스 사이먼스(James Simons)가 이끄는 르네상스 테크놀로지스, 레이 달리오(Ray Dalio)가 이끄는 브리지워터어소시에이츠 등이 눈에 띄네요.

◆ 투자자들이 가장 많이 조회한 13F를 확인할 수 있는 화면

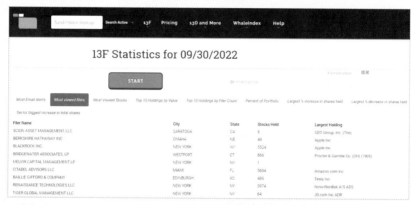

※ 출처: https://whalewisdom.com/info/statistics_tab

그중에서 워런 버핏이 이끄는 버크셔 해서웨이를 클릭하면, 2022년 3분기 말 기준으로 애플을 전체 포트폴리오의 40% 가까이 보유하고 있는 것을 확인할 수 있습니다. 또한 해당 분기에 대만의 비메모리 제조업체인 TSMC의 지분을 신규로 확보했습니다.

이처럼 웨일위즈덤 사이트를 통해 투자 대가들은 현재 어떤 종목에 투자하고 있는지 조회해볼 수 있습니다. 이를 통해 현재의 경제 상황에서 투자 대가들은 어떤 기업들이 향후 유망할 것으로 보는지 힌트를 얻을 수 있겠죠.

6장   해외주식 개별종목 실전투자 전략

앞에서는 해외주식 개별종목 투자를 위해 필요한 기본에 대해 배웠는데요. 이번 장에서는 이러한 기본을 토대로 실제 주식을 사고팔 때 고려해야 할 문제들에 대해 다뤄보겠습니다. 매매차익을 노릴 것인지, 배당수익을 노릴 것인지, 매수 및 매도타이밍은 어떻게 잡을지, 현재 주가가 비싼지 싼지, 밸류에이션 평가는 어떻게 하는지, 내 포트폴리오의 과거 성과 백테스팅은 어떻게 하는지, 그리고 계좌의 수익률을 올려줄 꿀팁까지 하나씩 알아보도록 하겠습니다.

- 해외주식 매매차익이냐 배당투자냐
- 해외주식 매매타이밍은 어떻게 잡을까
- 해외주식 밸류에이션 판단하기
- 해외주식 백테스트로 성과와 위험도 판단하기
- 해외주식 연말을 이용한 포트폴리오 리밸런싱
- 해외주식 수수료 아껴서 수익률 높이기

방과 후 과정 6 | 해외주식 애널리스트 리포트 활용법

해외주식 매매차익이냐 배당투자냐

해외주식, 특히 미국 주식이 국내주식과 비교해 갖는 장점 중 하나는 바로 주주 친화적인 정책을 펼치는 기업이 많다는 것입니다. 미국 주식시장에 상장된 기업들은 회사가 벌어들인 이익을 환원하기 위해 주주들에게 배당금 지급뿐 아니라 자사주 매입 및 소각 등 주주 친화적인 정책을 자주 펼칩니다.

이러한 배경 때문에 해외주식 투자에 나서는 투자자 중에서는 낮은 예금금리보다 더 높은 배당수익을 추구할 수 있으면서도 시세차익까지 노릴 수 있는 배당주를 찾아 나서는 경우도 종종 볼 수 있습니다. 배당주 투자 방법과 관련 종목들은 뒤에 9장에서 좀 더 자세히 알아보겠습니다.

해외주식 투자 시 주가 상승을 노리고 투자할 것인가, 아니면 주식을 보유함으로써 받게 되는 배당에 초점을 둘 것인가는 투자자의 성향에 달려있습니다. 여기서 말하는 투자자의 성향이란 투자금의 사용기한, 목적 그리고 수익률 등을 모두 포괄하는 개념입니다.

매월 또는 매분기 꾸준한 수익이 필요한 투자자에게는 배당을 지급하는 횟수와 금액이 무엇보다 중요할 수 있습니다. 한 기업이 꾸준히 배당한다는 것은 그만큼 사업을 통해 벌어들인 이익이 꾸준하다는 반증이기도 합니다. 배당을 위해서는 사업을 통해 벌어들인 이익이 있어야 가능하기 때문이죠. 꾸준한 배당이 이루어지는 기업들은 대개 성장산업보다는 성숙산업에 속한 기업들이 많습니다. 이미 과점화된 시장에서 독과점적인 지위로 시장점유율을 유지하며 꾸준한 현금흐름을 창출하는 통신업종이 대표적인 배당주입니다.

국내 투자자들에게 대표적인 배당주로 알려진 코카콜라의 배당금 지급내역 및 주가 차트를 같이 살펴보겠습니다. 뒤에 소개하는 그림은 코카콜라의 지난 5년간 배당금 지급 역사와 주가 차트입니다. 5년 동안 매 분기 꾸준하게 그리고 과거 대비 지속적으로 상승하는 배당금을 지급한 것을 알 수 있습니다. 5년 동안의 주가 차트를 보면 완만한 우상향 그래프를 그리고 있네요.

반면 배당을 지급하지 않더라도 이를 상쇄할 수 있을 만큼 높은 주가수익률을 기록할 것을 기대하며 자본차익을 노리고 투자할 수도 있죠. 회사가

◆ 코카콜라의 최근 5년간 배당금 지급 역사 및 주가 차트

※ 출처: seekingalpha.com

벌어들인 돈을 다시 회사의 성장을 위해 재투자에 나서는 경우 배당할 여력이 없을 수도 있습니다. 이러한 기업의 대표 사례로는 미국 아마존을 들수 있습니다. 1997년 상장할 때 투자했다면 25년이 지난 현재 수익률이무려 11만 퍼센트가 넘습니다. 상장 이후 한 번도 배당을 실시하지 않았음에도 주주들에게 배당수익에 몇 배, 몇십 배에 이르는 주가 상승을 통해기존 주주들을 만족시킨 경우입니다.

성장하기 위해 더 많은 투자가 필요한 성장산업과 기존의 사업으로도 꾸준한 현금흐름이 창출되는 성숙산업. 둘 중 어떤 산업에 속한 기업에 투자하는 게 옳은지 정하는 것은 순전히 투자자 개인의 몫입니다. 이를 결정하기 위해서는 자신의 투자성향을 제대로 파악해야겠죠?

◆ 아마존 상장 이후 주가상승률

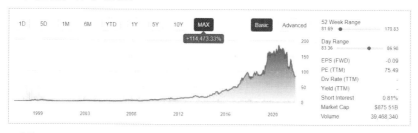

※ 출처: seekingalpha.com

해외주식 매매타이밍은 어떻게 잡을까

매수할 종목을 결정했다면 이제 남은 것은 언제 주식을 매수할지 정하는 것입니다. 같은 종목이라도 이왕이면 싸게 사는 것이 계좌의 수익률에도 좋을 뿐 아니라 감정적으로도 투자자에게 도움이 됩니다. 내가 매수한 가격이 해당 주식의 저점이었다면 내가 산 이후로 계좌가 늘 플러스 상태를 유지하기 때문에 심정적으로 편안하게 투자할 수 있죠.

매매타이밍에 대한 가장 쉬운 답변은 '쌀 때 사고 비쌀 때 팔아라'입니다. 하지만 지금 이 주가가 싼 가격인지, 비싼 가격인지 현재로선 알기 어렵죠. 결국 기업가치에 대한 자신만의 기준, 관점이 존재해야 해당 가격이 싼지 비싼지 판단할 수 있습니다. 그런데 이제 막 주식을 시작한 초보자에게 이런 관점이 생길 리 만무하겠죠. 따라서 초보 투자자들에게는 조금 더 기술적으로 매매타이밍을 잡으려는 노력이 필요합니다.

초보 투자자가 매매타이밍을 잡기 위해 할 수 있는 가장 좋은 방법은 '분할'입니다. 매수할 때도 '분할매수', 매도할 때도 '분할매도'를 하는 것이죠. 언제가 주가의 저점이고 고점인지 알 수 없다면 나만의 기준을 세우고 그 기준에 맞게 분할로 매매를 진행하면 됩니다.

그렇다면 어떤 기준에 맞춰 분할매매를 할 수 있을까요? 초보자가 사용할 수 있는 첫 번째 기준은 해당 종목의 최근 5년간 PER(주가수익비율)과 PBR(Price to Book-Value Ratio, 주가순자산비율) 밴드입니다. PER은 기업의 시가총액 대비 기업이 벌어들이는 순이익의 비율을, PBR은 기업의 시가총액 대비 기업의 장부가치를 뜻하죠. 분자인 기업의 주가도 변하고, 분모인 기업의 순이익 또는 자산가치도 변하기 때문에 PER과 PBR은 매 시각 주가처럼 움직입니다(PER 관련 설명은 167쪽 여기서 잠깐 참조). 따라서 PER과

◆ 애플의 최근 5년간 PER 그래프

※ 출처: ycharts.com

PBR 밴드를 활용해 과거 평균 대비 현재의 PER과 PBR이 쌀 때 주식을 매수하고, 비싸지면 주식을 매도할 수 있습니다.

앞의 그림은 애플의 최근 5년간 PER 그래프입니다. 그래프를 보면 2018년까지 평균 18~20이던 PER 수치가 2019년부터 2020년까지 우상향하여 2020년 12월 40을 넘어섰습니다. 지난 5년간의 평균 PER 수치에서 크게 벗어난 걸 확인할 수 있죠. 결국 애플의 주가는 2021년과 2022년 하락하며 2023년 1월에는 PER이 20으로 지난 5년간의 평균 수치로 회귀했습니다. 애플 주식을 매수 또는 매도하려는 투자자라면 이러한 애플의 과거 PER 밴드를 기준으로 매매타이밍을 세워볼 수 있었겠죠.

초보자가 활용할 수 있는 두 번째 지표는 투자자들의 심리를 활용한 RSI 지표를 활용하는 것입니다. RSI 지표는 상대강도지수로 RSI 지표가 30 이하로 떨어지면 과매도를, 70 이상으로 상승하면 과매수 국면을 의미합니다. 증시의 유명한 격언 중 하나인 '공포에 사서 탐욕에 팔아라'를 지표화했다고 볼 수 있습니다. RSI가 30 이하일 때는 사람들이 공포에 주식 투매를 하는 것으로, 70 이상에서는 사람들이 탐욕에 이르러 더 과도한 수익을 추구한다고 생각할 수 있습니다.

초보자가 활용할 수 있는 세 번째 기준은 시장 전체의 공포 지수를 활용하는 것입니다. CNN에서는 시장 참여자들의 공포 및 탐욕 지수를 수치화해 제공합니다. CNN Greed and Fear 지수가 바로 그것인데요. 앞서 살펴본

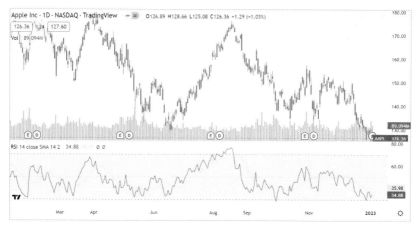

※ 출처: tradingview.com

2가지 기준점이 종목 자체에 초점을 맞춰 매매타이밍을 포착했다면, CNN Greed and Fear 지수는 종목이 아닌 시장 전체 참여자들의 공포와 탐욕을 활용해 매매타이밍을 포착하는 방법입니다. 다음의 그림에서 공포와 탐욕 지수를 살펴보면 2022년 9월 말에서 10월 초로 넘어갈 때 해당 지표가 25 이하로 떨어지며 극단적 공포 상황(Extreme Fear) 단계에 접어들었는데요. 실제로 이때 개별종목의 주가들이 연중 최저점을 기록했던 것을 알 수 있습니다.

지금까지 초보 투자자가 매매타이밍을 잡는데 활용할 수 있는 3가지 기준을 살펴봤습니다. 하지만 이 기준들은 하나의 참고사항일 뿐 절대적 원칙은 아닙니다. 투자를 지속해 나가면서 나만의 신호들을 지속적으로 찾아보는 것도 또 하나의 재미가 될 것입니다.

◆ CNN 공포 및 탐욕 지수

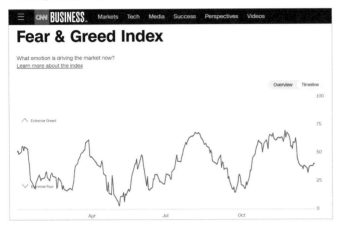

※ 출처: https://edition.cnn.com/markets/fear-and-greed

해외주식 밸류에이션 판단하기

어떤 주식의 고평가 혹은 저평가를 이야기할 때 가장 많이 사용하는 가치 평가법은 주가수익비율인 PER입니다. 기업의 주가를 기업이 벌어들이는 주당 순이익으로 나눈 값이죠. 예를 들어 애플의 주가가 140달러인데, 최근 4개 분기 순이익이 주당 6달러라면, 애플의 PER은 23이 됩니다.

애플의 PER은 인터넷에서 검색만 해도 쉽게 구할 수 있는 수치입니다. 중요한 것은 이 데이터를 어떻게 판단하느냐 여부입니다. 애플의 PER이 23배라면 현재 주가는 기업의 적정가치 대비 고평가일까요, 아니면 저평가일까요.

이 질문에 정답은 없습니다. 모든 투자자는 서로 다른 생각을 가지고 있기 때문인데요. 누군가는 애플이 현재 고평가되어 있다고 판단해 주식을 매도하고, 반대로 누군가는 저평가되어 있다고 판단해 그 주식을 매수합니다.

주가를 기준으로 기업의 상대가치를 평가할 때는 늘 상대성에 주목해야 합니다. 단순히 애플의 PER이 23배라는 것은 어쩌면 무용한 지표일지도 모릅니다. 중요한 것은 이러한 애플의 PER이 경쟁사 대비 높은지, 낮은지 혹은 애플의 과거 가치와 비교했을 때 높은지, 낮은지를 비교해보는 것이 중요합니다.

애플과 동일한 비즈니스 모델을 가지고 동일한 제품과 서비스를 제공하는 완벽한 경쟁사란 존재하지 않습니다. 애플을 스마트폰 판매회사라고 생각할 경우 가장 큰 경쟁자는 삼성전자입니다. 반대로 애플을 스마트폰 OS를 판매하는 플랫폼 사업자라고 판단할 경우 가장 큰 경쟁자는 안드로이드 시스템을 개발하고 판매하는 구글입니다. 2022년 12월 기준으로 삼성전자의 PER은 11배, 구글의 PER은 18배였습니다. 이와 비교해보면 애플은 시장에서 더 높은 평가를 받고 있다고 생각할 수 있습니다.

경쟁사와 비교해 PER이 높거나 낮다면 그 이유가 무엇인지 생각해보는 것도 필요하겠죠. 애플은 왜 삼성전자, 구글보다 더 높은 가치평가를 받고 있는지 고민하다 보면 해당 기업이 다른 경쟁사 대비 갖고 있는 경쟁력이 무엇인지 판단할 수 있습니다.

해당 기업이 저평가인지 고평가인지를 판단하는 두 번째 기준은 그 기업의 과거 평가와 비교하는 것입니다. 과거의 기업가치를 참고로 현재의 평가가 과거 대비 고평가인 상황인지, 저평가인 상황인지를 판단해볼 수 있습니다. 과거 밸류에이션의 평균 수치는 여러 사이트에서 확인할 수 있는데요. 미국의 투자 매체 시킹알파(seekingalpha.com)에서 확인하고자 하는 기업의 티커 입력 후 나타나는 [Valuation] 탭을 클릭하면 종목의 Trailing PER과 Forward PER 수치, 섹터의 평균 PER, 5년 평균 PER을 한번에 확인할 수 있습니다. 아래의 그림은 이를 보여주는 화면입니다.

해당 기업의 밸류에이션을 시장 전체의 밸류에이션과 비교해보는 것도 저평가인지, 고평가인지를 판단하는 데 도움을 줍니다. 2022년 12월 기준으로 S&P500의 PER은 20.7배입니다. 미국 주식시장을 대표하는 500개

◆ 시킹알파에서 조회한 애플의 밸류에이션

	Sector Relative Grade	AAPL	Sector Median	% Diff. to Sector	AAPL 5Y Avg.	% Diff. to 5Y Avg.
P/E Non-GAAP (TTM)		20.68	17.30	19.54%	24.52	-15.65%
P/E Non-GAAP (FWD)		20.43	18.51	10.35%	23.00	-11.17%
P/E GAAP (TTM)		20.68	22.19	-6.81%	24.37	-15.14%
P/E GAAP (FWD)		20.38	23.37	-12.82%	22.99	-11.39%
PEG GAAP (TTM)		2.32	0.61	279.86%	-	NM
PEG Non-GAAP (FWD)		1.90	1.50	26.71%	1.97	-3.36%

※ 출처: seekingalpha.com

기업의 평균 PER이 20.7배라는 점은 내가 투자하는 기업을 평가하는데 하나의 기준점으로 작용할 수 있겠죠. 내가 투자하려는 기업이 시장의 평균보다 높은 평가를 받는지 아니면 낮은 평가를 받는지 확인함으로써 판단에 도움을 받을 수 있습니다.

기업의 가치평가를 경쟁사, 과거의 평가, 그리고 시장의 평균과 비교하는 것은 하나의 기준을 제시해줄 수는 있지만 이 또한 한계가 있다는 점도 분명히 인지해야 합니다.

주식시장은 탐욕과 공포의 역사가 반복되었습니다. 그리고 많은 투자자가 꿈과 희망에 부풀어 탐욕으로 가득 찰 때는 기업의 가치평가가 평균을 크게 상회했으며, 반대로 투자자들이 공포심에 허덕일 때는 기업에 대한 가치평가가 평균을 크게 하회했습니다.

코로나19 이후 막대한 유동성과 전 세계적인 확장적 재정 정책에 힘입어 대부분의 자산가치가 큰 폭으로 상승했습니다. 2020년에서 2021년에는 이러한 자산가치 상승에 영향을 받아 주식시장에 상장된 많은 기업의 가치평가가 과거 평균 수치를 훌쩍 뛰어넘었죠.

하지만 2022년 미국 연준이 예상보다 훨씬 가파르게 기준금리를 인상하면서 전 세계 자산의 거품이 순식간에 빠지기 시작했습니다. 이로 인해 지난 2년간 큰 폭으로 상승했던 주가도 크게 하락했습니다.

따라서 이러한 돈의 흐름, 시장의 활황과 불황을 고려하지 않은 채 단순히 기업의 밸류에이션만을 평가한다면 이 또한 잘못된 결론을 낼 수 있다는 점을 명심해야겠습니다.

PER이란

Price Earning Ratio의 약자로 기업의 주가를 순이익으로 나누는 밸류에이션 방법입니다. 기업이 한 해 동안 벌어들이는 순이익을 바탕으로 몇 년 동안 이러한 순이익을 내야 현재 회사의 가치가 될 것인가를 측정하는 개념이죠. 분자에는 기업의 주가를, 분모에는 기업의 주당순이익을 적용합니다. 이때 기업이 이미 벌어들인 순이익을 사용할 것이냐, 아니면 앞으로 벌어들일 순이익을 사용할 것이냐에 따라서 Trailing PER, Forward PER(FWD)로 구분지어 사용합니다. TTM은 Trailing Twelve Months의 약자로 최근 12개월이란 의미입니다.

$$\underset{\text{(주가수익비율)}}{PER} = \frac{Price\text{(주가)}}{Earning\ per\ share\text{(주당순이익)}}$$

해외주식 백테스트로
성과와 위험도 판단하기

백테스트(Backtest)란 현재 시점에서 과거에 투자했다고 가정하고 해당 투자의 연평균 수 익률, 표준편차, 연도별 성과 그리고 MDD*

짚어보기 ✦ MDD Maximum Draw-Down의 약자로 주가의 최고점 대비 최 저점까지 최대 하락률을 의미합니다.

등을 파악해보는 작업입니다. 이렇게까지만 말하면 굉장히 어려워 보이 지만 그렇지 않습니다. 포트폴리오 비주얼라이저(Portfolio Visulaizer)라는 사이트를 이용하면 아주 손쉽게 나의 포트폴리오를 백테스트 해볼 수 있 습니다.

백테스트를 할 때는 여러 가지 실험을 해볼 수 있습니다. 먼저 포트폴리오 를 한 종목으로 집중투자했을 때와 여러 종목으로 분산투자했을 때의 수 익률과 위험도에는 어떠한 차이가 있는지 확인해볼 수 있죠. 또한 여러 종 목에 분산투자를 했을 때도 다양한 비중으로 포트폴리오를 만들어보고 어떤 포트폴리오가 더 높은 수익률과 더 낮은 위험성을 나타냈는지 그 우위를 가릴 수도 있습니다.

포트폴리오 비주얼라이저에서 백테스트 진행하는 방법

포트폴리오 비주얼라이저 홈페이지(www.portfoliovisualizer.com)에 접속한 후 ⇨ 화면 좌측 Backtest Portfolio 클릭 ⇨ 백테스트 조건 설정 ⇨ 백테스트할 자산 및 비중 입력 ⇨ 백테스트 결과 확인 순서로 진행합니다.

백테스트 진행이 처음이라면 헷갈릴만한 부분이 있습니다. 다음의 그림을 참고해 백테스트 조건을 설정한 후 진행하면 됩니다.

◆ 백테스트 조건 설정 화면

Portfolio Model Configuration	
Time Period ❶	Year-to-Year
Start Year ❶	1985
End Year ❶	2023
Include YTD ❶	No
Initial Amount ❶	$ 10000 .00
Cashflows ❶	None
Rebalancing ❶	Rebalance annually
Leverage Type ❶	None
Reinvest Dividends ❶	Yes
Display Income ❶	No
Factor Regression ❶	No
Benchmark ❶	None
Portfolio Names ❶	Default

※ 출처: www.portfoliovisualizer.com

첫 번째로 확인해야 할 부분은 Cashflows 항목으로, 이 항목에서는 첫 투자 이후 추가로 돈을 납입할 것인지(contributed fixed amount), 반대로 돈을 출금할 것인지(withdraw fixed amount or rate)를 선택하는 항목입니다.

다음으로 설정해야 할 부분은 Rebalancing 항목인데요. 여기에서 리밸런싱이란 특정 시점을 기준으로 자산 간의 비율을 다시 설정하는 것을 말합니다. 예를 들어 현금 50%, 주식 50% 비중으로 주식투자를 시작했을 경우, 1년 뒤 주가 상승으로 주식 평가금액이 올라 전체 포트폴리오가 현금 30%, 주식 70%의 비중으로 변경되었다면 이를 다시 처음과 같이 50대 50으로 맞춰주는 것을 리밸런싱이라고 합니다. 이러한 리밸런싱을 어떤 주기로 진행할 것인지에 따라서 연 단위(Annually), 반년 단위(Semi-Annually), 분기 단위(Quarterly), 월 단위(Monthly)로 선택할 수 있습니다.

세 번째 항목인 Reinvest Dividends는 배당금을 재투자할 것인지에 대해 선택하는 항목입니다. 주식을 보유할 때 발생하는 배당금 재투자 옵션을 선택한다면 초기 투자금 외에 꾸준히 배당금만큼 추가로 재투자되어 투자 수익을 끌어올릴 수 있습니다.

해외주식 연말을 이용한
포트폴리오 리밸런싱

포트폴리오 리밸런싱이란 내가 보유한 종목들의 비중을 조정하는 작업입니다. 예를 들어 투자금 1,000달러를 A종목에 500달러, B종목에 300달러, C종목에 200달러 투자했던 투자자가 A종목 일부를 매도해 A종목 300달러, B종목에 500달러, C종목에 200달러로 비중을 변경하는 것이 바로 포트폴리오 리밸런싱입니다.

포트폴리오의 비중을 조절하는 이유에는 여러 가지가 있을 수 있습니다. 먼저 투자한 종목의 주가 상승 시기가 다르기 때문입니다. 앞선 예시에서 세 종목 중 A라는 종목이 내가 기대한 것보다 빠른 주가 상승으로 목표 매도가격에 도달했다고 가정해볼게요. B종목과 C종목은 내가 매수한 가격보다 오히려 주가가 더 하락했지만 앞으로 기대가 되는 종목이기도 합니다. 이런 상황이라면 A종목이 목표 매도가격에 도달했으니 A종목을 팔아서 B종목과 C종목을 추가로 매수할 수 있습니다.

포트폴리오 리밸런싱을 하는 또 다른 이유는 바로 현금 확보입니다. 상승장이냐 하락장이냐에 따라 다를 수 있겠지만 계좌에 현금을 가지고 있다면 주가 하락 시기에 심리적 안전판으로 작용할 수 있습니다. 주가는 비록 하락해서 기분이 나쁘지만 보유한 현금으로 내가 분석한 기업들을 이전보다 더 저렴하게 매수할 수 있기 때문이죠. 계좌에 현금이 없다면 주가하락이 달가울 리 없습니다.

이유가 무엇이 됐든 포트폴리오 리밸런싱은 포트폴리오를 구축한 투자자에게는 필수적인 작업입니다. 그리고 이러한 포트폴리오 리밸런싱을 연말에 하게 되면 절세효과를 이용하여 수익률을 끌어올릴 수 있습니다. 연말이 중요한 이유는 해외주식에는 양도소득세가 부과되기 때문입니다.

해외주식 매매를 통해 연간 손익합산 금액이 250만 원 이상일 경우, 투자자는 양도차익에 대해 22%의 세금을 납부해야 합니다. 예를 들어 2022년 한 해 동안 해외주식으로 350만 원의 수익을 냈다면 기본공제 금액인 250만 원을 제외한 나머지 100만 원의 수익에 대해서는 22%인 22만 원을 양도소득세로 납부해야 하는 것이죠.

이러한 양도소득세를 줄일 수 있는 방법이 바로 연말 포트폴리오 리밸런싱입니다. 2022년 1월부터 11월까지 해외주식 매매를 통해 500만 원의 수익이 났다고 가정해보겠습니다. 현재 상황에서 주식매매를 하지 않으면 250만 원에 대한 22%의 양도소득세를 납부해야 하는 상황이죠.

그런데 현재 내 계좌에는 마이너스 300만 원의 평가손실을 기록하고 있는 A종목이 있습니다. 이런 경우 연말 전까지 A종목을 매도해 손실을 확정하고, 매도한 금액으로 다시 A종목을 매수하면 나의 포트폴리오에는 그대로 A종목을 보유하게 된 셈이죠. 반면 해외주식 양도차익은 500만 원에서 300만 원 손실을 반영하여 200만 원으로 낮아지게 됩니다. 양도차익이 200만 원인 경우 기본공제 금액인 250만 원보다 적기 때문에 양도소득세가 부과되지 않습니다. 250만 원의 22%인 55만 원의 세금을 납부해야 하는 상황에서 양도소득세를 하나도 내지 않게 되는 절세방법인 것입니다.

이러한 포트폴리오 리밸런싱에서 중요한 것은 손익확정은 매매일이 아니라 결제일에 이루어진다는 사실입니다. 2022년 미국 주식시장 거래마감일이 12월 30일이었습니다. 한국에서 미국 주식을 매매할 경우 3영업일 후에 결제가 이루어지기 때문에, 국내 투자자들은 12월 27일 매매분까지만 올해 주식 매매라고 인정받을 수 있는 것이죠. 만약 12월 28일 손실을 확정했다면 28일의 결제일은 2023년으로 넘어가기 때문에 2022년의 매매손익에는 포함되지 않는다는 점을 꼭 유의해야 합니다.

해외주식 수수료 아껴서 수익률 높이기

해외주식 투자에는 필연적으로 환율변동에 따른 이익 또는 손해가 발생합니다. 두 나라 간 환율이 앞으로 어떻게 변동될지는 그 누구도 알 수 없기 때문에 환율에 따른 수익률 변동은 피할 수 없는 결과라 할 수 있습니다. 하지만 당장 환전할 때의 환전수수료라면 이야기는 달라집니다. 이번에는 바로 이 환전수수료에 대해 파헤쳐봅니다.

환전수수료란 증권사가 환전을 대행해주면서 받는 수수료를 의미하는데요. 환전수수료는 말 그대로 원화를 외화로 사거나 팔 때 발생합니다. 환전수수료의 기본 구조는 이렇습니다. 증권사들은 각자가 정한 고시환율에 일정한 수수료를 더합니다. 고시환율이 1달러당 1,300원이라면 증권사에서는 고객들이 1달러를 살 때는 1,300원보다 높은 1,350원으로, 고객들이 1달러를 팔 때는 1,300원보다 낮은 1,250원으로 환율을 책정합니다.

여기서 발생하는 매수 시 50원과 매도 시 50원이 앞에서 언급했던 환전스프레드입니다. 그리고 증권사들은 이 환전스프레드를 고객마다 다르게 조정해 이익을 극대화하죠.

해외주식 신규 고객 유치 경쟁이 치열한 요즘 증권사들이 마케팅에 가장 많이 활용하는 것이 바로 환전수수료 우대, 환율 우대라는 포인트입니다. 환전수수료 우대라는 것은 기본적으로 소비자에게 부과되는 환전스프레드에서 일정 금액을 깎아주는 개념입니다. 앞의 예에서는 환전스프레드가 50원이었지만, 증권사에서 특정 고객에게는 이러한 환전스프레드를 90% 우대해줌으로써 10%에 해당하는 5원만 받고 환전을 해주는 것이죠.

1달러가 1,300원이라고 했을 때 환전수수료를 30원 절약할 수 있다면 수익률에 얼마나 큰 도움이 될까요? 30원은 1,300원의 2.3%에 해당하는 금액이기 때문에 30원 저렴하게 환전할 수만 있다면 투자자는 투자금액의 2.3% 수익을 이미 확보한 상태에서 투자를 시작하게 됩니다. 반대로 말하면 30원 비싸게 환전할 경우 시작부터 투자금액의 2.3%를 잃고 시작하게 되는 셈이죠.

이렇게 생각보다 수익에 큰 영향을 미치는 환전수수료. 이를 가장 잘 아끼는 방법은 바로 증권사가 제공해주는 환전 관련 서비스를 이용하는 것입니다.

해외주식 투자 시 환전수수료를 절약하는 방법은 크게 2가지입니다. 먼저 통합증거금 서비스를 제공하는 증권사를 찾아 이용하는 방법입니다. 통합증거금 서비스를 제공하는 증권사의 경우 계좌에 있는 원화로 해외주식의 매수 주문을 우선 처리한 후 다음 영업일에 실제 환율로 가환전했던 금액을 처리하는 증권사의 서비스입니다. 다음날 환전이 일어날 때 환율이 달라질 수 있다는 단점은 존재하지만, 증권사가 고시환율에서 따로 환전스프레드를 적용하지 않는다는 장점도 있습니다.

환전수수료를 절약하는 두 번째 방법은 증권사의 환율 우대 정책을 적극적으로 활용하는 것입니다. 증권사에서는 신규 고객 혹은 일정 자산 이상을 보유한 고객에게는 환전수수료 우대 서비스를 제공합니다. 다만 기존 고객이 환전수수료 우대 혜택을 받기 위해서는 증권사의 고객센터에 먼저 연락해 요청해야 합니다. '나는 주식 거래를 많이 하니까 증권사가 알아서 환전수수료 우대를 해주겠지'라고 생각한다면 큰 오산입니다.

해외주식 투자에 있어 환전수수료에 대해 크게 신경 쓰지 않았다면 지금부터라도 환전수수료를 신경 써보는 것은 어떨까요?

증권사	키움증권	미래에셋증권	한국투자증권	삼성증권	NH투자증권
통합증거금 이용 원화주문 시	환전우대 100%	달러당 5원	실시간 환율 적용	환전우대 95%	자동환전 시 100%
환전우대 이벤트 적용 시	환전우대 95%	달러당 1원	환전우대 90%	환전우대 95%	환전우대 100%

해외주식 애널리스트 리포트 활용법

해외기업 투자에 대한 아이디어를 얻는 한 가지 방법은 애널리스트의 리포트를 활용하는 것입니다. 해외주식에 대한 애널리스트 리포트는 크게 국내 증권사가 작성한 리포트와 해외 기관에서 발행한 리포트 이렇게 2가지로 나뉩니다.

국내 투자자들이 가장 접근하기 쉬우면서도 도움이 될 수 있는 리포트는 국내 증권사의 리서치 애널리스트가 작성한 해외기업 분석 리포트입니다. 증권사에 소속된 애널리스트가 작성한 글이기 때문에 분석 리포트에 나오는 수치에 대한 근거가 탄탄하고 전문적인 데다 국내 투자자들을 위해 한글로 정리되어 있기 때문에 읽기도 편합니다. 게다가 국내 증권사 리서치센터 리포트의 경우 각 증권사 홈페이지에서 무료로 조회가 가능하기 때문에 정보에 대한 접근성도 높은 편입니다. 해외주식에 대한 전문적인 리서치를 제공하는 증권사로는 미래에셋증권, 삼성증권, 키움증권, 한국투자증권, NH투자증권, KB증권 등이 있습니다.

반면 해외 기관이 작성한 리포트는 원문을 찾아 읽기가 어렵습니다. 해외 기관의 분석 리포트는 국내와 달리 유료고객에 한해서만 열람 가능하도록 제한하는 경우가 많기 때문입니다. 개인투자자가 이러한 분석 리포트를 읽기 위해 유료서비스를 이용하기에는 제한이 있는 것이 사실입니다.

◆ 국내 증권사 해외주식 분석 리포트 열람 경로

증권사	로그인 여부	리포트 열람 경로
키움증권	불필요	홈페이지 > 투자정보 > 리서치 > 해외증시
미래에셋증권	불필요	홈페이지 > 투자정보 > 리서치 리포트 > 기업분석(해외)
하나증권	불필요	홈페이지 > 리서치센터 > 글로벌리서치 > 글로벌 기업분석
삼성증권	필요	홈페이지 > 투자정보 > 해외주식리포트
한국투자증권	필요	홈페이지 > 리서치 > 리포트 > 기업/산업
NH투자증권	필요	홈페이지 > 투자정보 > 리서치 리포트 > 해외주식
신한투자증권	필요	홈페이지 > 투자정보 > 투자전략 > 해외 산업 및 기업분석
KB증권	필요	홈페이지 > 투자정보 > 리서치보고서 > 해외투자
대신증권	필요	홈페이지 > 투자정보 > 글로벌 전략 > 글로벌 기업분석
한화투자증권	필요	홈페이지 > 투자정보 > 기업·산업분석 > 해외주식분석

하지만 글로벌 투자은행이 작성한 해외기업 분석 리포트의 원문을 보지 못한다 하더라도 몇몇 웹사이트를 활용하면 해외 애널리스트의 리포트를 활용할 수 있습니다. 바로 팁랭크(tipranks.com) 혹은 블룸버그(bloomberg.com) 사이트에서 목표주가를 확인하는 방법입니다. 팁랭크 홈페이지에 접속해 원하는 종목의 종목명 혹은 티커를 입력해 검색하면 참고자료를 확인할 수 있습니다.

다음의 그림은 애플에 대해 글로벌 투자은행 애널리스트가 평가한 종목 의견 및 목표주가 평균치를 나타낸 것입니다. 애플의 경우 2022년 12월 기준으로 28명의 애널리스트 중 24명이 강력매수인 Strong buy 의견을 제시한

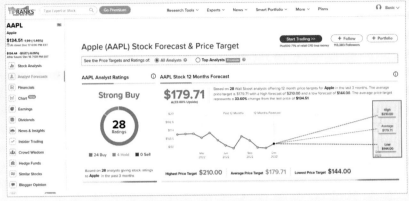

※ 출처: tipranks.com

것을 확인할 수 있습니다. 또한 오른쪽의 주가 차트에는 28명의 애널리스트가 제시한 목표주가도 제시되어 있습니다. 가장 높은 목표주가가 High 부분에 적혀있고, 목표주가를 제시한 애널리스트의 평균치를 가운데 Average로, 그리고 가장 낮은 목표주가는 Low로 표시된 것을 확인할 수 있습니다. 팁랭크는 별도의 회원가입 없이도 이러한 애널리스트의 평균치를 몇 번의 클릭만으로 확인할 수 있다는 장점이 있습니다.

시킹알파(seekingalpha.com)에서도 애널리스트의 목표주가를 살펴볼 수 있습니다. 팁랭크와 달리 시킹알파에서는 애널리스트의 목표주가 추이도 주가처럼 살펴볼 수 있도록 정리되어 있습니다. 애널리스트의 목표주가 평균치가 낮아지는 추세인지 혹은 올라가는 추세인지를 통해 해당 기업에 대한 시장의 평가가 긍정적으로 바뀌고 있는지 아니면 부정적인 뉴스들에 주목하는지 확인할 수 있죠.

◆ 시킹알파에서 조회한 애플의 목표주가 추이 그래프

※ 출처: seekingalpha.com

다만 모든 투자에 있어 가장 중요한 건 다른 사람의 분석과 판단이 아니라 자신만의 투자 전략과 판단 및 실행입니다. 앞에서 설명한 것처럼 모두가 처한 투자 상황이 다르고 산업과 기업에 대한 이해와 확신 정도 또한 다릅니다. 이런 상황에서 다른 사람의 판단만을 믿고 소중한 투자금을 투자한다면 주가가 기대와 달리 하락하는 상황에서는 어떻게 대처해야 할지 주체적으로 판단할 수 없게 됩니다. 따라서 애널리스트의 리포트 역시 투자 공부의 시작일 뿐 투자 의사결정의 끝이 아니라는 점을 꼭 명심해야겠습니다.

PART 4

"모든 주식을 소유하라."

ETF의 창시자 존 보글(John C. Bogle) 뱅가드 그룹(Vanguard Group) 창업자의 말입니다. ETF가 주식시장에 모습을 드러낸 뒤 그 성장 과정을 살펴보면 놀랍습니다. ETF는 매우 빠르게 액티브 펀드의 자리를 대체해나가고 있으니까요. 특히 시장 수익률보다 더 나은 수익률을 지속적으로 달성하는 펀드매니저의 비율이 20%가 채 되지 않는다는 이야기가 나오면서, 시장 지수 자체를 추종하는 ETF 상품에 더욱 많은 투자금이 몰리고 있습니다.

ETF는 펀드와 주식의 장점을 모두 합친 상품입니다. ETF만 잘 활용해도 개인투자자인 우리가 전 세계 내로라하는 기관투자자들 못지않게 자산배분을 하며 투자할 수 있습니다. 과연 ETF가 무엇이길래, 그리고 어떤 상품들이 있길래 이렇게 주목받는 것인지 이번 파트에서는 해외 ETF 투자에 필요한 기본지식부터 실전투자 전략까지 배워보도록 하겠습니다.

해외주식유치원
4학년

해외주식 실전투자 2
ETF 투자

7장   해외주식 ETF 투자법

워런 버핏은 자신의 사망 후 재산의 90%를 S&P500 지수를 추종하는 ETF에 투자하라는 유언을 남겼다고 합니다. 이 시대 최고의 투자자가 자신의 아내에게 남긴 유언이기에 그 의미가 남다릅니다. 개별종목의 변동성과 예측 불가능성을 뛰어넘어 주식시장의 장기 우상향에 투자하는 ETF 투자는 이제 남의 이야기가 아닙니다. 2022년 국내 투자자들이 가장 많이 매수한 해외증권 10개 중 3개는 ETF였습니다. 도대체 ETF가 뭐길래 다들 ETF, ETF 하는 걸까요? 이번 장에서는 ETF에 대해 집중적으로 알아보도록 하겠습니다.

- ETF는 어떤 상품인가
- 해외주식 ETF, 국내주식 ETF와는 무엇이 다른가
- 해외주식 ETF 투자의 장점과 단점
- 수많은 해외주식 ETF, 내게 필요한 ETF 찾는 법
- 서학개미가 주목한 대표 ETF 10선

📖 방과 후 과정 7 ┃ 해외주식 ETF 투자 시 알아두면 좋은 사이트

ETF는 어떤 상품인가

워런 버핏은 자신의 사후 남은 재산의 90%를 S&P500 지수에 투자하라는 유언을 남겼습니다. S&P500 지수에 투자하려면 2가지 방법을 활용할 수 있는데요. S&P500 지수를 추종하는 인덱스 펀드에 가입하거나 S&P500 지수를 추종하는 ETF를 매수하는 것이죠.

인덱스 펀드(Index fund)는 무엇이고, ETF는 또 뭐냐구요? 인덱스 펀드란 특정 지수의 수익률을 복제하도록 만든 펀드입니다. 반면 ETF는 Exchange Traded Fund의 약자로 펀드를 주식처럼 주식시장에 상장시킨 증권입니다. 즉 두 상품은 똑같이 특정 지수를 추종하도록 만들어졌지만 하나는 펀드고, 다른 하나는 주식이죠.

펀드는 가입과 환매에 시간이 오래 걸리고 수수료도 비쌉니다. 반면 주식은 펀드에 비해 환매가 자유롭고 운용수수료도 거의 존재하지 않죠. 이러한 장점 덕분에 특정 지수를 추종하는 상품 투자는 인덱스 펀드가 아닌 ETF가 대세 상품으로 자리를 잡았습니다.

인덱스 펀드와 ETF의 차이점을 알았다면, 이제 ETF와 주식의 차이점을 배워볼까요? 개별주식은 말 그대로 특정 기업의 주주가 될 수 있는 권리인 주식에 투자하는 것이지만, ETF는 개별기업이 아니라 지수를 추종하도록 만든 펀드 상품을 여러 주식으로 쪼개놓은 것입니다. ETF 1주를 사면 나는 해당 ETF가 추종하는 특정 지수에 포함된 종목들을 모두 보유하는 효과가 있죠.

예를 들어볼게요. 미국 주식시장을 대표하는 시장 지수는 S&P500입니다. 미국을 대표하는 500개 기업의 주가를 지수화한 시장 지수죠. 대표적인 시장 지수답게 S&P500을 추종하는 ETF 역시 여러 상품이 존재합니다. 그

> **짚어보기** ✦ 스테이트 스트리트 글로벌 어드바이저스 미국에서 두 번째로 오래된 스테이트 스트리트 코퍼레이션(State Street Corporation)의 투자운영 자회사입니다. 블랙록, 뱅가드와 함께 세계 3대 자산운용사로 꼽힙니다.

중에서 가장 유명한 상품은 일명 스파이(SPY)라 불리는 스테이트 스트리트 글로벌 어드바이저스(State Street Global Advisors)✦ 에서 운영하는 SPDR S&P500 ETF입니다.

이 SPY ETF는 2022년 12월 기준 1주당 주가가 380달러로 한화 약 50만 원 정도 됩니다. 해당 ETF 1주당 주가 50만 원으로 미국을 대표하는 500개

기업(여기에는 애플, 마이크로소프트, 아마존, 구글, 테슬라 등이 모두 포함)에 투자하는 셈이죠. 500개 기업이 아니라 미국의 시가총액 상위 4개 기업인 애플, 마이크로소프트, 알파벳(구글), 아마존에만 개별로 투자하려고 해도 약 600달러 이상이 필요한데 말이죠. 심지어 시가총액 5위 기업인 워런 버핏의 회사 버크셔 해서웨이 Class A는 1주당 가격이 무려 467,999달러로 한화 약 6억 원에 달합니다. 이처럼 소액으로 분산투자가 가능한 것, 이것이 바로 ETF가 가진 가장 큰 장점입니다.

자, 그렇다면 이러한 ETF가 추종하는 지수란 도대체 어떤 지수를 말하는 걸까요? ETF가 추종할 수 있는 상품에는 사실상 제한이 없습니다. 주가 지수 외에도 채권, 원자재, 통화, 그리고 비트코인과 같은 블록체인도 ETF가 추종하는 지수가 될 수 있습니다. ETF는 추종할 수 있는 벤치마크(Benchmark) 지수만 존재한다면 세상의 그 어떤 상품도 담아낼 수 있습니다. 벤치마크 지수란 펀드의 수익률을 평가하기 위한 기준을 의미하는데요. 예를 들어 앞서 S&P500을 추종하는 SPY ETF(SPDR S&P500 ETF)의 벤치마크 지수는 바로 S&P500이 되는 것이죠. S&P500 지수가 1% 오르면 SPY ETF도 1%가 오르고, S&P500 지수가 1% 하락하면 SPY ETF도 1% 하락하도록 하는 것이 바로 벤치마크 지수를 오차 없이 추종하도록 한 것입니다.

벤치마크 지수를 그대로 복제하는 것 외에 해당 지수의 변동폭을 2배, 혹은 그 이상으로 복제하는 레버리지 상품, 해당 지수의 움직임을 반대로 복제하는 인버스 상품도 만들 수 있습니다. 뿐만 아니라 특정 섹터만을 모아서 투자하는 섹터 ETF, 시장 지수가 아니라 액티브 펀드처럼 펀드매니저가 자신의 역량을 담아 알파수익을 추구하는 액티브 ETF 상품 또한 존재합니다.

ETF를 소개하다 보니 자연스럽게 ETF의 장점 또한 언급하게 되었는데요. 그렇다면 국내에 상장된 ETF와 해외에 상장된 ETF에는 어떤 차이가 있을까요? 다음 장에서 자세히 살펴보겠습니다.

☀️ 여기서 잠깐

레버리지 상품/인버스 상품

레버리지(Leverage)는 원래 지렛대를 의미합니다. 지렛대를 이용하면 자신의 몸무게보다 더 무거운 물체를 들어 올릴 수 있는 것에서 착안하여, 자신의 투자원금보다 더 많은 금액을 투자한 것과 같은 효과를 내는 금융상품을 의미합니다. 반대로 인버스(Inverse) 상품은 수익률이 기초자산과 반대로 움직이도록 설계된 상품을 말합니다. 여기서 기초자산이란 벤치마크가 추종하는 투자대상을 의미합니다.

해외주식 ETF,
국내주식 ETF와는 무엇이 다른가

ETF는 추종할 수 있는 벤치마크 지수만 존재한다면 어떤 자산이라도 상품으로 만들 수 있는 주식이라고 앞에서 설명했습니다. 그러한 이유로 국내에 상장된 ETF들도 국내뿐 아니라 해외자산을 추종하는 ETF를 만들 수 있습니다. 하지만 같은 자산을 추종하는 ETF라 해도 해외주식 ETF와 국내주식 ETF에는 여러 차이점이 존재합니다.

가장 중요한 차이점은 바로 통화입니다. 국내주식 ETF는 해당 주식 매수 시 원화로 투자하지만 해외주식 ETF는 대부분 달러로 주식 거래가 이루어집니다. 즉 해외주식 ETF에 투자하기 위해서는 이미 달러를 보유하고 있거나 원화를 달러로 환전해야 하는 것이죠.

앞서 해외주식의 장점으로 언급했듯이 달러 자산은 국내주식과 역의 상관관계를 보입니다. 대내외적 경제 위기상황으로 국내주식 가격이 하락하면 원달러 환율이 상승하고, 한국 기업들이 수출을 많이 해 좋은 실적을 거두면 원달러 환율이 하락하는 경향을 보입니다.

해외주식 ETF에 투자한다면 나의 자산 일부를 달러 자산에 투자하기 때문에, ETF 상품 자체의 투자를 넘어서 원화 자산을 헷지⁺하는 달러 자산을 확보하는 셈이 됩니다.

해외주식 ETF가 국내주식 ETF와 다른 점 두 번째는 상품의 다양성과 유동성입니다. 국내에도 ETF 투자가 활성화되면서 여러 자산운용사들이 다양한 ETF 상품을 출시하고 있습니다. 국내 증시에 상장된 해외주식형 ETF의 종류는 152개, 운용자산만 18조 7천억 원에 이릅니다. 반면 미국 증시에 상장된 ETF는 2022년 9월 말 기준으로 3,030개, 운용자산은 약 7,700조 원입니다. 국내 증시는 해외주식형에 국한되어 있기는 하지만 해외혼합형, 해외채권형 등을 합쳐도 운용자산의 규모가 크게 늘지 않는다는 점을 감안하면 해외주식 ETF와 국내주식 ETF의 차이를 단번에 느낄 수 있습니다.

미국에만 3,000개가 넘는 ETF가 상장되어 거래되는 만큼 투자자들은 ETF 선택에 있어 훨씬 더 많은 상품을 비교하여 자신에게 맞는 최적의 상품을 선택할 수 있습니다. 또한 운용자산의 규모도 국내주식 ETF와는 비교

◆ 미국 상장 ETF 상위 10개(운용자산순)

순위	티커	ETF명	발행사	운용자산
1	SPY	SPDR S&P 500 ETF Trust	State Street	500조 원
2	IVV	iShares Core S&P500 ETF	Blackrock	400조 원
3	VOO	Vanguard S&P500 ETF	Vanguard	357조 원
4	VTI	Vanguard Total Stock Market ETF	Vanguard	356조 원
5	QQQ	Invesco QQQ Trust	Invesco	200조 원
6	VTV	Vanguard Value ETF	Vanguard	134조 원
7	BND	Vanguard Total Bond Market ETF	Vanguard	110조 원
8	AGG	iShares core U.S. Aggregate Bond ETF	Blackrock	107조 원
9	VUG	Vanguard Growth ETF	Vanguard	96조 원
10	VIG	Vanguard Dividend Appreciation ETF	Vanguard	87조 원

가 되지 않을 정도로 크기 때문에 하루에 거래되는 일일거래량 역시 매우
큽니다. 국내에 상장된 해외주식형 ETF의 경우 운용자산이 큰 일부 상위
ETF를 제외하고 기타 ETF는 주식거래가 쉽지 않을 정도로 거래량이 적다
는 점을 감안하면 거래량이 많은 것은 분명 투자자에게는 큰 이점으로 작
용합니다.

이렇게 상품의 종류도 많고 거래도 활발한 해외주식 ETF는 국내주식 ETF
와 비교해 운용수수료 또한 저렴한 편입니다. 경쟁이 치열한 만큼 운용보
수에 민감한 투자자들이 많기 때문입니다.

해외주식 ETF 투자가 국내에 상장된 ETF 투자와 다른 점 세 번째는 세금입니다. 해외주식 ETF의 경우 해외 개별주식 투자와 같은 세율의 세금이 부과됩니다. 즉 ETF의 분배금(배당금)은 개별주식처럼 원천징수(15%)됩니다. 해외주식 ETF 매매를 통해 양도차익이 250만 원 이상 발생하면 양도소득세(22%)를 납부해야 합니다. 해외주식의 경우 연간 손익합산이 가능하기 때문에 ETF로 이익이 발생했다 하더라도 해외주식으로 손해를 본 경우 손익을 합산하게 됩니다.

ETF의 양도소득에 대해 해외주식 ETF의 경우에는 금융소득종합과세 대상이 아니지만, 국내주식 ETF의 경우에는 금융소득종합과세 대상에 포함

◆ 국내 상장 해외주식형 ETF 상위 10개(운용자산순)

순위	티커	ETF명	발행사	운용자산
1	371460	TIGER 차이나전기차SOLACTIVE	미래에셋자산운용	3조 원
2	133690	TIGER 미국나스닥100	미래에셋자산운용	2조 원
3	360750	TIGER 미국S&P500	미래에셋자산운용	1.7조 원
4	381180	TIGER 미국필라델피아반도체나스닥	미래에셋자산운용	1.4조 원
5	381170	TIGER 미국테크TOP10 INDXX	미래에셋자산운용	1.3조 원
6	394670	TIGER 글로벌리튬&2차전지SOLACTIVE[합성]	미래에셋자산운용	0.5조 원
7	251350	KODEX 선진국MSCI World	삼성자산운용	0.5조 원
8	360200	ACE 미국S&P500	한국투자신탁운용	0.5조 원
9	379800	KODEX 미국S&P500TR	삼성자산운용	0.4조 원
10	143850	TIGER 미국S&P500선물(H)	미래에셋자산운용	0.4조 원

◆ 해외주식 ETF와 국내주식 ETF의 비교

비교 항목	해외주식 ETF	국내주식 ETF
양도소득세	매년 5월 신고 (22%, 250만 원 기본공제)	배당소득세 15.4% 원천징수
분배금(배당금)	배당소득세 15% 원천징수	배당소득세 15.4% 원천징수
금융소득종합과세	매매차익 과세 대상 아님 분배금 과세 대상	매매차익, 분배금 모두 대상
연간 손익합산 여부	주식과 합산 가능	손익합산 불가

된다는 점도 차이가 있습니다. 또한 ETF에서 발생하는 분배금의 경우에는 해외주식 ETF, 국내주식 ETF 모두 과세 대상에 포함됩니다.

해외주식 ETF 투자의 장점과 단점

앞에서 해외주식 ETF와 국내주식 ETF의 차이를 설명하다 보니 자연스럽게 해외주식 ETF의 장점을 소개했습니다.

해외주식 ETF의 장점을 다시 정리해보면 크게 다음의 4가지로 정리해볼 수 있습니다.

- 자연스럽게 달러 자산을 보유하게 된다(국내주식과 역의 상관관계).
- 국내주식 ETF보다 훨씬 더 다양한 투자상품이 존재한다.
- 거래량이 많아 유동성이 풍부하다.
- 운용보수가 국내주식 ETF보다 대체로 저렴하다.

그렇다면 해외주식 ETF에 투자할 경우의 단점은 무엇일까요? 해외주식

ETF 투자의 가장 큰 단점은 기대수익률이 낮다는 점입니다. S&P500의 장기 수익률은 연 8%로 알려져 있습니다. 연 8%의 수익을 복리로 투자할 경우 투자금이 원금의 2배가 되는 데에는 9년의 시간이 필요합니다. 주식투자로 단기간에 2배 이상의 수익을 추구하는 투자자라면 9년이란 시간은 영겁의 시간처럼 느껴질 수 있습니다.

물론 ETF 상품이 시장 지수를 추종하는 상품이 아니라 다른 대체자산에 투자하는 경우 혹은 시장 지수를 추종하더라도 레버리지 상품의 경우에는 변동성이 큰 만큼 더 높은 기대수익률을 추구할 수도 있습니다. 국내 투자자들이 가장 많이 투자한 S&P500 추종 ETF의 수익률이 낮을 뿐이죠.

실제로 S&P500의 연평균 8% 수익률에 만족하지 못한 투자자들은 더 높은 수익을 추구할 수 있는 레버리지 ETF 상품에 투자를 늘렸습니다. 2022년 3분기 말 기준으로 국내 투자자들이 가장 많이 보유한 해외주식형 ETF는 S&P500을 추종하는 ETF가 아닌 나스닥100 지수를 3배 레버리지로 추종하는 TQQQ ETF였죠. TQQQ에 투자된 금액만 15억 달러로 한화 약 2조 원에 달했습니다.

하지만 높은 수익을 추구하면 높은 위험도 따라오는 것이 투자의 세계입니다. 2020년과 2021년 높은 수익률을 보였던 나스닥 지수가 2022년에는 큰 폭으로 하락했습니다. 미국 연준의 가파른 기준금리 인상 때문입니다. 그 결과 TQQQ ETF는 2022년 한 해에만 주가가 무려 70% 넘게 하락했습

니다. 레버리지 상품은 상승도 크지만 하락도 클 수 있다는 사실을 일깨워
준 한 해였죠.

사실 기대수익률이 8%라는 것은 S&P500을 추종하는 ETF의 특징일 뿐
ETF 상품의 단점이라고 말하기는 어렵습니다. 그럼에도 불구하고 이를
단점으로 언급한 것은 그만큼 해외주식 ETF 투자의 단점을 찾기가 어렵
기 때문입니다. 이제 막 해외주식을 시작한 투자자라면 우선 느긋하게 장
기적으로 투자할 ETF를 공부해보는 것도 투자의 좋은 출발점이 될 수 있
습니다.

수많은 해외주식 ETF, 내게 필요한 ETF 찾는 법

미국에 상장된 ETF의 수는 2022년 9월 말 기준으로 무려 3,000개가 넘습니다. 국내에 상장된 주식의 수가 코스피 시장과 코스닥 시장을 합쳐도 3,000개가 넘지 않는다는 사실을 떠올려보면 이 숫자가 얼마나 큰 것인지 새삼 실감이 됩니다.

이렇게 많고 많은 ETF 중에서 내가 투자하고 싶은 ETF는 어떤 기준으로 찾을 수 있을까요? 동일 벤치마크를 추종하는 ETF들이 있다면 이 중에서는 어떤 ETF를 선택해야 할까요?

가장 먼저 할 일은 투자하고자 하는 상품을 선택하는 것입니다. 내가 S&P500, 나스닥100 등과 같은 시장 지수에 투자하고 싶은지, 금에 투자하고 싶은지, 채권에 투자하고 싶은지, 채권이라면 국채에 투자할지 아니면 투기등급 채권에 투자할지 등 투자대상을 정해야 합니다.

투자대상을 선정할 때 유용한 팁은 해당 투자자산의 과거 성과와 변동성을 검색해보는 것입니다. 구글 검색창에 '투자대상 + ETF + Return'이라고 입력하면 관련 상품에 투자하는 ETF의 과거 수익률과 위험성(변동성)이 검색됩니다. 예를 들어 2023년 2월 27일 기준으로 구글 검색창에 'GOLD ETF Return'이라고 검색하면 GOLD ETF의 대표 상품 중 하나인 SPDR Gold Trust(티커 GLD)가 연평균 5.78%의 수익률과 표준편차 15.49%를 기록했다는 사실을 바로 확인할 수 있습니다.

이렇게 투자대상의 과거 수익률과 변동성을 알 수 있다면 내가 포트폴리오를 구성할 때 무작정 해당 종목에 편입하는 것이 아니라 각 자산의 예상 기대수익률과 변동성을 예측할 수 있게 됩니다.

투자대상이 정해졌다면 다음으로는 해당 투자대상을 벤치마크로 하는 ETF 중에서 어떤 ETF를 선택할 것인지 정해야 합니다. 같은 벤치마크를 둔 ETF 중에서 투자자에게 더 나은 ETF는 다음과 같은 기준을 충족하는 ETF입니다.

저렴한 운용보수
ETF는 지수를 추종하도록 만든 펀드를 주식으로 상장시킨 상품이기 때문에 펀드처럼 운용보수가 매년 발생합니다. 물론 운용보수를 연 단위로 투자자가 지불하는 것은 아닙니다. 연율화된 운용보수는 매일 매일의 주가에 반영됩니다. 즉 자산운용사에서 벤치마크를 추종하는 ETF의 기준가를 정할 때 운용보수를 일 단위로 계산하여 주가에 그만큼의 비용으로 처리·반영합니다. 즉 투자자는 내가 운용보수를 지불했다는 사실을 따로 인지하지는 못하지만 ETF에 투자하는 투자자는 매일 수수료를 지불하고 있는 셈이죠. 따라서 같은 벤치마크를 추종하는 ETF라면 가능한 한 운용보수가 적은 상품이 좋겠죠. 운용보수는 적게는 0.03%에서 많게는 10%까지 상품별로 편차가 큽니다. 금융정보 회사 뱅크레이트(bankrate.com)가 발표한 기사에 따르면 2021년 주식 인덱스형 ETF의 평균 운용보수는 0.16%였다고 합니다.

운용자산 규모

ETF는 규모의 경제가 발생하는 대표적인 상품입니다. ETF를 운용하는 자산운용사 입장에서는 투자금이 적게 모이든 많게 모이든 ETF를 운용하는 데 들어가는 비용은 크게 차이가 나지 않습니다. 따라서 ETF의 운용규모가 커지면 주당 더 적은 운용보수를 받고도 충분히 ETF를 운용할 수 있기 때문에 운용자산 규모가 크면 운용보수가 낮아지는 상승작용이 일어납니다. 또한 운용규모가 크다면 추종하는 벤치마크를 더 적은 괴리율로 추종하는 것도 가능해집니다. 100억 원으로 나스닥100 지수를 추종하는 ETF와 100조 원으로 나스닥100 지수를 추종하는 ETF를 떠올린다면 그 이유는 쉽게 생각할 수 있습니다. 따라서 운용보수가 같다면 이왕이면 운용자산 규모가 큰 ETF가 투자자에게 더 유리한 ETF라 할 수 있습니다.

평균거래량

운용자산 규모와 밀접하게 연관되어 있는 것이 바로 평균거래량입니다. 개별주식도 시가총액이 낮은 기업의 경우에는 주문건수나 주문량이 적어 주가의 변동이 심하죠? ETF 역시 평균거래량이 적은 경우 거래가 원활하게 이루어지기 어렵습니다. 평균거래량이 적다는 것은 내가 해당 ETF를 사거나 팔 때 쉽게 매매가 이루어지지 않을 수도 있다는 것을 뜻하기 때문에 평균거래량이 많을수록 더 나은 ETF라고 판단할 수 있는 것이죠.

 여기서 잠깐

S&P500 추종 ETF 비교

티커	ETF명	운용자산	운용보수	하루 평균거래량
SPY	SPDR S&P500 ETF Trust	500조 원	0.09%	7,600만 주
IVV	iShares Core S&P500 ETF	400조 원	0.03%	400만 주
VOO	Vanguard S&P500 ETF	350조 원	0.03%	380만 주
SPLG	SPDR Portfolio S&P500 ETF	20조 원	0.03%	370만 주
IVW	iShares S&P500 Growth ETF	39조 원	0.18%	250만 주
RSP	Invesco S&P500 Equal Weight ETF	44조 원	0.20%	320만 주

서학개미가 주목한 대표 ETF 10선

그럼 국내 투자자들은 어떤 ETF에 가장 많이 투자하고 있을까요? 한국예탁결제원의 증권정보포털 사이트인 세이브로(Seibro)에서 외화증권 보관 금액 상위 10개의 ETF를 찾아보았습니다.

ProShares UltraPro QQQ ETF(티커 TQQQ)

국내 투자자들이 가장 좋아하는 해외 ETF 1위는 TQQQ였습니다. TQQQ는 나스닥100 지수의 움직임을 3배 레버리지로 추종하는 레버리지 ETF입니다. 나스닥 지수가 1% 상승하면 TQQQ는 3% 상승하고, 1% 하락하면 3% 하락하는 것을 목표로 지수를 추종하는 ETF죠. 운용사는 프로세어즈(ProShares)이고, 연간 운용보수는 0.95%, 운용자산 규모는 120억 달러로 한화 약 15.6조 원입니다. 하루 평균거래량은 2억 1천만 주로 매우 많은 편입니다. 2022년 12월 주당 가격은 18달러로, 2022년 수익률은 −75%를

◆ 국내 투자자 해외시장 ETF 보관금액 상위 10종목(2022년 12월 16일 기준)

순위	티커	ETF명	보관금액
1	TQQQ	ProShares UltraPro QQQ ETF	2.1조 원
2	QQQ	Invesco QQQ Trust ETF	1.5조 원
3	SPY	SPDR S&P500 ETF Trust	1.3조 원
4	SOXL	Direxion Daily Semiconductor Bull 3X ETF	1.1조 원
5	VOO	Vanguard S&P500 ETF	7,200억 원
6	SQQQ	ProShares UltraPro Short QQQ ETF	4,800억 원
7	QLD	ProShares Ultra QQQ ETF	3.800억 원
8	SOXX	iShares Semiconductor ETF	3,700억 원
9	IVV	iShares Core S&P500 ETF	3,400억 원
10	QYLD	GlboalX Nasdaq100 Covered Call ETF	2,900억 원

※ 출처: https://seibro.or.kr/websquare/control.jsp?w2xPath=/IPORTAL/user/ovsSec/BIP_CNTS10013V.
xml&menuNo=921

기록해 2022년 주가가 크게 하락한 것을 확인할 수 있습니다.

Invesco QQQ Trust ETF(티커 QQQ)

국내 투자자들의 나스닥 사랑은 레버리지에 그치지 않았습니다. 나스닥 100 지수를 추종하는 QQQ ETF가 국내 투자자가 보유한 해외 ETF 2위를 차지했습니다. QQQ의 운용사는 인베스코(Invesco)이고 연간 운용보수는 0.20%입니다. 운용자산 규모는 1,500억 달러로 한화 약 195조 원이며, 하루 평균거래량은 5,100만 주입니다. QQQ ETF의 2022년 수익률 역시 -30.7%로, 2022년 나스닥 지수가 크게 하락하며 수익률이 저조했습니다.

SPDR S&P500 ETF Trust(티커 SPY)

전 국민 아니 전 세계인의 사랑을 가장 많이 받는 ETF인 SPY가 3위입니다. S&P500 지수를 추종하는 SPY는 전 세계적으로 운용자산이 가장 큰 ETF 중 하나입니다. 운용사는 스테이트 스트리트 글로벌 어드바이저스이고 연간 운용보수는 0.09%입니다. 운용자산 규모는 무려 3,680억 달러로 한화 약 470조 원에 이릅니다. SPY의 하루 평균거래량은 7,600만 주이며, 2022년의 수익률은 −18%, S&P500 역시 하락하며 SPY의 2022년 수익률 또한 저조했습니다.

Direxion Daily Semiconductor Bull 3X ETF(티커 SOXL)

국내 주식시장에서 가장 큰 비중을 차지하는 산업이 반도체산업이다 보니 해외 투자에 있어서도 반도체 ETF는 늘 많은 관심을 받습니다. 그중에서도 ICE 반도체지수✦를 3배 레버리지로 추종하는 SOXL이 국내 투자자가 보유한 해외주식 ETF 4위를 차지했네요. 운용사는 디렉션(Direxion), 연간 운용보수는 0.90%이며 운용자산 규모는 41억 달러로 한화 약 5.3조 원입니다. 앞서 살펴본 ETF와는 운용자산 규모가 크게 차이가 날 정도로 작은 ETF지만 국내 투자자들은 해당 ETF를 4위로 보관할 만큼 반도체산업에 큰 관심을 보이는 것을 알 수 있습니다.

> **짚어보기** ✦ ICE 반도체지수 Inter Continental Exchange에서 산출하는 반도체지수로 ICE가 분류한 반도체 관련 종목 중 시가총액이 큰 30개 종목으로 구성되는 지수입니다.

Vanguard S&P500 ETF(티커 VOO)

'모든 주식을 소유하라'며 인덱스 펀드를 만든 존 보글의 회사 뱅가드의

S&P500을 추종하는 ETF VOO가 국내 투자자가 보유한 해외주식 ETF 5위입니다. 똑같이 S&P500을 추종하지만 VOO는 운용보수가 0.03%로 SPY의 0.09%와 비교해 낮은 편입니다. 운용자산 규모는 267억 달러로 한화약 350조 원이며 하루 평균거래량은 380만 주입니다.

ProShares UltraPro Short QQQ ETF(티커 SQQQ)

투자자들의 레버리지 사랑을 알 수 있는 대목입니다. 나스닥100 지수를 역으로 3배 추종하는 인버스 레버리지 상품인 SQQQ가 국내 투자자들이 선호하는 ETF 6위입니다. SQQQ는 나스닥100 지수가 1% 하락하면 3% 수익을 얻는 ETF입니다. 운용사는 프로세어즈이며, 운용보수는 0.95%, 운용자산 규모는 40억 달러로 한화 약 5.2조 원의 작은 ETF입니다. 2022년 나스닥 지수가 큰 폭으로 하락한 덕분에 SQQQ는 2022년 69%라는 높은 수익률을 기록했습니다. 하루 평균거래량은 1억 2천만 주로 거래량이 매우 많은 ETF 중 하나입니다.

ProShares Ultra QQQ ETF(티커 QLD)

ETF 이름만 보면 1위를 차지한 ProShares UltraPro QQQ ETF(TQQQ)와의 차이를 못 느낀 투자자도 있을 것 같아요. 프로세어즈에서 운영하는 Ultra QQQ ETF는 나스닥100 지수를 2배 레버리지로 추종하는 ETF입니다. 연간 운용보수는 0.95%, 운영자산 규모는 30억 달러로 한화 약 3조 9천억 원이며 하루 평균거래량은 5백만 주입니다.

iShares Semiconductor ETF(티커 SOXX)

ICE Semiconductor 지수를 벤치마크로 추종하는 블랙록(BlackRock) 자산
운용사의 ETF입니다. 운용보수는 0.35%, 운용자산 규모는 62억 달러로
한화 약 8조 원입니다. 하루 평균거래량은 110만 주이고 2022년 수익률은
-33%입니다. SOXL과 마찬가지로 반도체 투자에 관심이 많은 투자자들이
SOXX에 투자했다고 볼 수 있습니다.

iShares Core S&P500 ETF(티커 IVV)

S&P500을 추종하는 대표 ETF 중 하나인 블랙록의 IVV ETF가 9위를 차지
했습니다. IVV는 앞서 살펴본 SPY, VOO와 함께 S&P500을 추종하는 대표
적인 ETF입니다. 연간 운용보수는 0.03%, 운용자산 규모는 약 400조 원입
니다. 하루 평균거래량은 410만 주로 S&P500을 추종하는 ETF 중 SPY 다
음으로 운용자금이 큰 ETF지만 국내에서는 뱅가드의 VOO에 밀려 9위입
니다.

GlobalX Nasdaq100 Covered Call ETF(티커 QYLD)

국내 투자자들에게는 월배당 ETF로 유명한 글로벌엑스의 Nasdaq100
Covered Call ETF입니다. 글로벌엑스(GlobalX)는 2018년 미래에셋자산운
용이 인수한 ETF 운용사로 운용보수는 0.6%, 운용자산 규모는 65억 달러
로 한화 약 8.5조 원입니다. 이 ETF의 특징은 나스닥100 지수를 기본으
로 하되 옵션 투자 전략 중 하나인 커버드콜 전략*을 사용해 주가가 하락
할 때도 일정 부분 손실을 방어하는 전략을 펼친다는 것입니다. 특히 매월
배당금을 지급해주는데 2022년에는 연간 배당수익률이 15%에 달합니다.

다만 월배당금만 보고 투자했다면 2022년 주가가 -27% 하락하면서 배당수익률보다 주가 하락률이 더 큰 상황이 펼쳐졌습니다.

여기서 잠깐

ETF 이름 속 의미

ETF는 상품명만 보더라도 운용사와 벤치마크를 알 수 있도록 작명합니다. 먼저 ETF의 가장 앞에는 ETF를 운용하는 운용사의 이름이나, 운용사의 ETF 브랜드를 적습니다. 그다음으로는 ETF가 추종하는 벤치마크 지수가 표시됩니다. S&P500을 추종하는 대표 ETF SPY의 경우 ETF 상품명은 SPDR S&P500 ETF입니다. 여기서 SPDR이란 스테이트 스트리트 글로벌 어드바이저스 운용사의 ETF 브랜드 이름이고, 가운데 S&P500은 이 ETF가 추종하는 벤치마크인 것입니다.

해외주식 ETF 투자 시 알아두면 좋은 사이트

해외주식 ETF에 투자하기 위해 이번 장에서 살펴본 정보들을 찾는 데 도움이 되는 사이트를 정리해봤습니다.

ETF닷컴(www.etf.com)

도메인 주소처럼 ETF와 관련된 기본 정보들을 한눈에 파악할 수 있는 백과사전과도 같은 웹사이트입니다. ETF 기본 정보와 더불어 특정 주식을 보유한 ETF 찾기, 스타일별 ETF 찾기, 자산별 ETF 찾기 등 ETF와 관련된 거의 모든 정보를 해당 사이트에서 찾을 수 있습니다.

• ETF닷컴에서 특정 주식 보유한 ETF 찾는 법
  www.etf.com ⇨ Tools & Data ⇨ Stock Finder ⇨ 종목명 검색

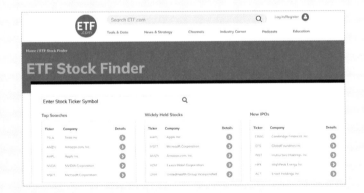

- 2개의 ETF 비교하는 법

  www.etf.com ⇨ Tools & Data ⇨ Comparison Tool ⇨ 종목명 검색

- ETF닷컴에서 특정한 기준으로 ETF를 찾는 방법

  www.etf.com ⇨ Tools & Data ⇨ Screener & Database

시킹알파(www.seekingalpha.com)

해외주식 관련하여 개인 블로거들의 투자 아이디어를 얻을 수 있는 사이트로 소개했지만 ETF와 관련된 정보들도 보기 쉽게 잘 정리되어 있습니다. 특히 분배금과 관련해서는 ETF닷컴보다 훨씬 더 시각적으로 잘 정리되어 있습니다.

• 내가 검색한 ETF와 유사한 ETF 비교 항목 찾기

   www.seekingalpha.com ⇨ ETF 검색 ⇨ Peers

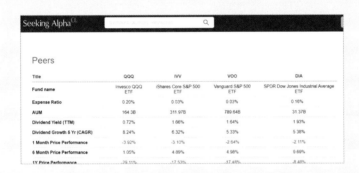

• 내가 검색한 ETF의 분배금 정보 찾기

   www.seekingalpha.com ⇨ ETF 검색 ⇨ Dividends 클릭

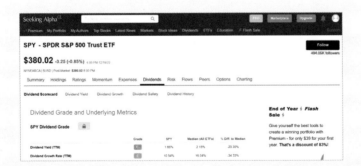

- 분야별 대표 ETF 정보 찾기

www.seekingalpha.com ➪ Dividends ➪ Dividend ETFs ➪ 좌측의 자
산군별 ETF 클릭

8장　해외주식 ETF 실전투자 전략

앞에서 ETF는 시장 지수를 추종하는 상품만 있는 것이 아니라고 설명했습니다. 미국 주식시장에만 자산별, 지역별, 스타일별로 3,000개가 넘는 ETF가 상장되어 있죠. 따라서 어떤 ETF를 활용해 자신만의 포트폴리오를 구축할 것인가 역시 투자자마다 크게 달라질 수 있습니다. 이번 장에서는 해외 ETF를 활용하여 어떻게 투자 전략을 세워볼 수 있을지 ETF 실전투자 전략을 소개합니다.

- ETF 실전투자 다양한 ETF 상품, 다양한 투자 전략
- 해외주식 ETF 실전투자 전략 1 지역별 ETF 투자하기
- 해외주식 ETF 실전투자 전략 2 자산배분 ETF 투자하기
- 해외주식 ETF 실전투자 전략 3 섹터 ETF 투자하기
- 해외주식 ETF 실전투자 전략 4 스타일 ETF 투자하기
- 해외주식 ETF 실전투자 전략 5 테마 ETF 투자하기

📖 방과 후 과정 8 ㅣ 대표 ETF를 확인하는 방법

ETF 실전투자
다양한 ETF 상품, 다양한 투자 전략

해외주식 ETF에 투자한다고 하면 많은 투자자가 SPY나 QQQ처럼 시장 지수를 추종하는 ETF를 떠올립니다. 실제로 국내 투자자들이 투자한 해외주식 ETF의 대부분은 이러한 시장 지수를 추종하는 ETF에 투자되어 있죠. 시장 지수를 추종하는 ETF가 해외주식 ETF의 대표 상품인 것은 분명하지만, 이 외에도 투자자들이 활용할 수 있는 ETF는 많습니다.

먼저 ETF를 활용하여 전 세계를 자신의 투자대상으로 삼을 수 있습니다. 미국의 시장분석기관(Statistas)에 따르면 전 세계 주식시장 시가총액의 약 60%를 미국 주식시장이 차지하고 있다고 합니다. 미국 다음으로는 일본이 약 6%, 영국이 4%, 중국이 3% 등이며 우리나라는 1.2%를 차지하고 있습니다. 이러한 전 세계 주식시장을 지역별로 투자하는 대표 ETF가 뱅가드(Vanguard)와 블랙록(BlackRock)의 ETF입니다. 이들 홈페이지에 접속하면 전 세계를 대상으로 어떤 ETF를 운영하고 있는지 손쉽게 확인할 수 있습니다. 전 세계를 커버하는 ETF부터 선진국에만 투자하는 ETF, 신흥국에만 투자하는 ETF 등 지역별로 내가 원하는 대상을 선정하여 투자할 수 있습니다.

다음으로 ETF를 활용하여 주식 외 채권, 원자재, 금, 리츠, 비트코인 등으로 자산을 배분하는 것도 가능합니다. 주식과 보통 역의 상관관계를 가지는 포트폴리오의 자산배분에 필수적인 채권부터 금, 원자재, 리츠, 비트코인 등에 투자하는 상품들을 찾아 ETF로 투자할 수 있죠. ETF 하나만 사도 모든 자산에 골고루 배분되도록 하는 자산배분 ETF도 있습니다. 내가 일일이 ETF를 담지 않아도 ETF 하나만 사면 자동으로 자산배분이 되니 투자금이 적은 개인이 자산배분을 원할 때는 최고의 상품이라고 할 수 있습니다.

ETF 실전투자 세 번째 방법은 섹터 ETF에 투자하는 것입니다. ETF의 포트폴리오 효과와 직접 주식투자 산업 혹은 기업분석을 섞어놓은 투자방식입니다. 미래에 유망해 보이는 산업이지만, 그 산업 안에서 어떤 기업이 탁월한 성과를 보일지 알기 어려울 때 활용할 수 있는 좋은 투자 전략입니다. 보통 한 기업의 실적은 산업 전체의 실적과 연동되는 경우가 많기 때문에 섹터 ETF에 투자한다면 해당 섹터의 성과는 누리면서도 개별기업의 리스크는 일정 부분 헷지할 수 있는 장점이 존재합니다.

ETF 실전투자 네 번째는 스타일 ETF에 투자하는 것입니다. 스타일 ETF란 특정 벤치마크를 추종하는 ETF의 성격에 액티브 펀드의 특징을 가미한 것입니다. 성장주 ETF, 가치주 ETF, 자산주 ETF 등 특정 스타일에 맞는 기업들을 선별하여 투자하는 ETF를 뜻합니다. 전 세계 기업 중 성장주 기업에만 투자하고 싶을 때, 혹은 가치주에 투자하고 싶을 때 해당 ETF를 활용할 수 있겠죠. 이 밖에도 해외 ETF는 배당주 투자에도 많이 활용됩니다. 배당주 투자와 관련해서는 9장에서 자세히 살펴보도록 하겠습니다.

자, ETF에 대한 개괄적인 설명을 마쳤으니 이제 본격적으로 각 투자 전략별 대표적인 ETF 상품에는 어떤 것이 있는지 하나씩 확인해보도록 하겠습니다.

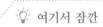

미국 3대 자산운영사
미국을 대표하는 3대 자산운용사란 블랙록(BlackRock), 뱅가드 그룹(Vanguard Group), 그리고 스테이트 스트리트 글로벌 어드바이저스(State Street Global Advisors)를 말합니다. 2022년 12월 말 기준으로 블랙록은 8.6조 달러를, 뱅가드는 8.1조 달러를, 그리고 스테이트 스트리트 글로벌 어드바이저스는 3.5조 달러를 운용자산으로 보유하고 있다고 알려져 있습니다.

액티브 펀드/패시브 펀드
투자에서 액티브(Active)란 펀드매니저가 자신의 역량을 발휘하여 종목 선택과 포트폴리오 비중을 조절하는 것을 의미합니다. 이러한 방식으로 운영되는 펀드를 액티브 펀드, 이런 방식으로 운영되는 ETF를 액티브 ETF라고 부르죠. 이와 정반대의 개념이 바로 패시브(Passive)입니다. 패시브는 펀드매니저의 주관이 개입되지 않고 벤치마크 지수를 수동적으로 추종하도록 운영되는 방식을 의미합니다. 이런 방식으로 운영되는 펀드는 패시브 펀드, 이런 방식으로 운영되는 ETF를 패시브 ETF라고 부릅니다.

해외주식 ETF 실전투자 전략 1
지역별 ETF 투자하기

투자대상을 지역으로 정하는 ETF는 벤치마크에 포함된 종목수가 많습니다. 따라서 지역별 배분 ETF는 규모가 큰 운용사에서 만든 ETF들이 인기도 많고 큰 운용자산을 가지고 움직이죠. 글로벌 자산운용사인 뱅가드와 블랙록이 이러한 ETF 시장을 양분하고 있습니다. 참고로 ETF 상품명이 iShares로 시작하면 블랙록의 ETF, Vanguard로 시작하면 뱅가드의 ETF입니다.

전 세계를 대상으로 투자하는 대표 ETF는 뱅가드의 VT와 블랙록의 ACWI가 있습니다. 전 세계 주식시장을 커버하는 ETF의 경우 개인투자자보다는 채권과의 자산배분으로 안정적인 수익과 낮은 변동성을 추구하는 기관투자자들이 주로 투자대상으로 삼습니다. 뱅가드의 VT는 전 세계 주식시장의 98%를 커버하는 ETF로, 해당 ETF에 투자한다면 사실상 전 세

◆ 전 세계 지역별 대표 ETF

투자지역	티커	ETF명	운용자산	운용보수
전 세계	VT	Vanguard Total World Stock ETF	32조 원	0.07%
전 세계	ACWI	iShares MSCI ACWI ETF	23조 원	0.32%
전 세계 (미국 제외)	VXUS	Vanguard Total International Stock ETF	65조 원	0.07%
	IXUS	iShares Core MSCI Total International Stock ETF	38조 원	0.07%
선진국	VEA	Vanguard FTSE Developed Markets ETF	130조 원	0.05%
	IEFA	iShares Core MSCI EAFE ETF	115조 원	0.07%
개발도상국	VWO	Vanguard FTSE Emerging Markets ETF	90조 원	0.08%
	IEMG	iShares Core MSCI Emerging Markets ETF	82조 원	0.09%
신흥국	FM	iShares MSCI Frontier and Select EM ETF	0.7조 원	0.79%

계 주식시장에 전부 투자하는 것이라고 말할 수 있습니다. 반면 블랙록의 ACWI는 전 세계 주식 중에서 대형주와 중형주를 투자대상으로 삼고 있어 전 세계 주식시장의 약 85%를 커버합니다.

VT의 지난 5년간 수익률은 분배금 제외 시 16%로 S&P500의 지난 5년간 수익률 42%와 비교하면 크게 낮아집니다. ACWI의 5년 수익률 역시 17%로 S&P500 대비 낮은 수익률을 기록했죠. 더 장기간인 10년 수익률로 보아도 VT와 ACWI 모두 S&P500 대비 낮은 수익률을 기록했기 때문에 지난 10년간은 S&P500에 투자하는 것이 전 세계 주식시장에 투자하는 것 대비 더 좋은 성과를 보였다고 판단할 수 있습니다.

다음으로 선진국에 투자하는 ETF로는 뱅가드의 VEA와 블랙록의 IEFA 가 있습니다. 두 ETF 모두 미국을 제외한 선진국에 투자하는 ETF입니다. VEA의 경우 일본 20%, 영국 13%, 캐나다 10%, 프랑스 8%, 스위스 7% 등 의 구성인 반면, IEFA는 미국 및 캐나다를 제외한 지수를 추종하기 때문에 일본 23%, 영국 16%, 프랑스 10%, 스위스 10%, 호주 8% 등의 구성으로 이루어져 있습니다.

개발도상국에 투자하는 대표 ETF로는 뱅가드의 VWO와 블랙록의 IEMG 가 있습니다. VWO는 2013년 벤치마크 지수를 FTSE(Financial Times Stock Exchange) 지수로 바꾸면서 포트폴리오에서 우리나라가 제외되었습니다.

◆ 선진국 ETF 비교(VEA와 IEFA)

VEA vs IEFA ETF Facts		
Last Trade	**Last Trade**	
$41.86 +0.20 (0.48%)	$61.48 +0.22 (0.36%)	
Ticker	Ticker	
VEA	IEFA	
Vanguard FTSE Developed Markets ETF	iShares Core MSCI EAFE ETF	
Issuer	Issuer	
Vanguard	Blackrock	
Expense Ratio	Expense Ratio	
0.05%	0.07%	
Assets Under Management	Assets Under Management	
$100.54B	$89.09B	
Average Daily $ Volume	Average Daily $ Volume	
$699.80M	$807.58M	
Underlying Index	Underlying Index	
FTSE Developed All Cap ex US Index Net TR US RIC	MSCI EAFE IMI	
Number Of Holdings	Number Of Holdings	
4,062	3,057	

※ 출처: www.etf.com

FTSE에서는 한국을 개발도상국으로 분류하지 않았기 때문이죠. 그 결과 VWO에는 IEMG 대비 중국, 브라질, 인도 등의 비중이 커졌습니다. VWO 내 비중은 홍콩이 20%, 인도 19%, 대만 15%, 브라질 7%, 중국 7% 등입니다.

반면 IEMG는 MSCI 지수(Morgan Stanley Capital International index)를 추종하기 때문에 우리나라를 개발도상국으로 분류하고 있습니다. 그 결과 IEMG 내에는 홍콩 20%, 인도 17%, 대만 14%, 한국 12%, 브라질 6% 등으로 포트폴리오가 구성되어 있죠. 최근 5년간 수익률은 VWO가 −7%, IEMG가 −15%로 S&P500 지수에 훨씬 못 미치는 성과를 보여주었습니다.

◆ 개발도상국 ETF 비교(VWO와 IEMG)

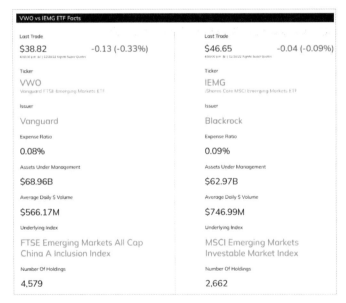

※ 출처: www.etf.com

해외주식 ETF 실전투자 전략 2
자산배분 ETF 투자하기

해외주식 ETF를 활용한 실전투자 전략 두 번째는 주식 외 다른 자산 ETF를 활용하여 자산배분을 실행하는 것입니다.

다음의 표에서 확인할 수 있듯이 운용규모가 큰 채권형 ETF 중 가장 상위에 있는 티커 BND와 AGG는 각각 뱅가드와 블랙록의 채권 ETF 대표 상품들입니다. 둘 다 미국 채권에 종합적으로 투자하는 ETF로 미국 국채뿐만 아니라 미국 회사채에도 투자하는 ETF입니다. 해당 ETF의 경우 국내에서는 월배당 ETF 알려져 있습니다. BND는 2022년 12월 기준 연배당수익률이 2.6%, AGG는 2.3%입니다.

이외에 통화 ETF들도 존재합니다. 다만 국내 투자자는 해당 ETF를 매수할 때 이미 원화를 달러로 환전한 후 달러 자산을 매입한 셈이 되기 때문

◆ 운용규모가 큰 채권 ETF 상위 10

티커	ETF명	운용자산	운용보수
BND	Vanguard Total Bond Market ETF	112조 원	0.03%
AGG	iShares Core U.S. Aggregate Bond ETF	108조 원	0.03%
BNDX	Vanguard Total International Bond ETF	59조 원	0.07%
VCSH	Vanguard Short-Term Corporate Bond ETF	53조 원	0.04%
VCIT	Vanguard Intermediate-Term Corporate Bond Index Fund ETF	53조 원	0.04%
BSV	Vanguard Short-Term Bond ETF	49조 원	0.04%
LQD	iShares iBoxx USD Investment Grade Corporate Bond ETF	48조 원	0.04%
MUB	iShares National Muni Bond ETF	42조 원	0.07%
TLT	iShares 20+ Year Treasury Bond ETF	39조 원	0.15%
SHY	iShares 1-3 Year Treasury Bond ETF	35조 원	0.15%

에, 이런 상황에서 다시 통화 ETF에 투자한다면 '원화 → 달러 → 다른 통화' 이렇게 2단계를 거쳐 투자하는 셈이 됩니다.

자산배분에 관심이 많은 투자자가 포트폴리오에 꼭 포함하는 상품인 금 역시 ETF를 통해 투자할 수 있습니다.

ETF 하나로 자산배분을 할 수 있는 자산배분 ETF 또한 존재합니다. 내가 채권 ETF, 상품 ETF, 통화 ETF를 각각 매매하여 포트폴리오를 구성하려면 큰 투자금이 필요한 반면, 자산배분 ETF는 ETF 하나로 모든 자산배분이 가능하기 때문에 매우 손쉽게 자산배분을 이룰 수 있습니다.

◆ 운용규모가 큰 통화 ETF 상위 10

티커	ETF명	ETF 전략	운용사	운용보수	운용자산
UUP	Invesco DB U.S. Dollar Index Bullish Fund	Currency: Long USD, Short G10 Basket	Invesco	0.78%	2조 5,000억 원
BITO	ProShares Bitcoin Strategy ETF	Currency: Long Bitcoin, Short USD	ProShares	0.95%	7,500억 원
USDU	WisdomTree Bloomberg U.S. Dollar Bullish Fund	Currency: Long USD, Short Global Basket	WisdomTree	0.50%	4,800억 원
FXE	Invesco CurrencyShares Euro Trust	Currency: Long EUR, Short USD	Invesco	0.40%	3,900억 원
FXF	Invesco CurrencyShares Swiss Franc Trust	Currency: Long CHF, Short USD	Invesco	0.40%	2,700억 원
FXY	Invesco CurrencyShares Japanese Yen Trust	Currency: Long JPY, Short USD	Invesco	0.40%	2,200억 원
FXB	Invesco CurrencyShares British Pound Sterling Trust	Currency: Long GBP, Short USD	Invesco	0.40%	1,360억 원
FXC	Invesco CurrencyShares Canadian Dollar Trust	Currency: Long CAD, Short USD	Invesco	0.40%	1,350억 원
UDN	Invesco DB U.S. Dollar Index Bearish Fund	Currency: Long G10 Basket, Short USD	Invesco	0.77%	1,300억 원
BITI	ProShares Short Bitcoin Strategy ETF	Inverse Currency: Long USD, Short Bitcoin	ProShares	0.95%	1,280억 원

◆ 운용규모가 큰 상품 ETF 상위 5

티커	ETF명	운용보수	운용자산
GLD	SPDR Gold Trust	0.40%	68조 2,500억 원
IAU	iShares Gold Trust	0.25%	33조 6,700억 원
SLV	iShares Silver Trust	0.50%	13조 9,100억 원
PDBC	Invesco Optimum Yield Diversified Commodity Strategy No K-1 ETF	0.62%	8조 7,000억 원
GLDM	SPDR Gold MiniShares Trust	0.10%	6조 3,700억 원

티커	ETF명	운용보수	운용자산
AOR	iShares Core Growth Allocation ETF	0.15%	3조 3,800억 원
AOA	iShares Core Aggressive Allocation ETF	0.15%	2조 2,100억 원
AOM	iShares Core Moderate Allocation ETF	0.15%	1조 9,500억 원
AOK	iShares Core Conservative Allocation ETF	0.15%	1조 1,300억 원

※ 출처: www.etf.com

AOR, AOA, AOM, AOK는 모두 블랙록에서 운영하는 자산배분 ETF입니다. 4개의 ETF 모두 주식과 채권의 비중을 통해 자산배분을 진행합니다. 공격형인 AOA는 주식 대 채권의 비중을 8대 2로 투자합니다. AOR은 주식 6 채권 4의 비율, AOM은 주식 4 채권 6의 비율이며, AOK는 주식 3 채권 7의 비율로 포트폴리오를 구성합니다.

앞에서 설명한 4가지 자산배분 ETF 중 선택을 고민할 때는 장기 수익률을 참고해볼 수 있습니다. 분배금을 포함한 전체 수익률 계산 시 위험선호도가 높은 순서대로 장기 수익률이 높아지는 것을 다음의 표에서도 확인할 수 있습니다.

• 자산배분 ETF 최근 5년 수익률

티커	1년 수익률	3년 수익률	5년 수익률
AOR	-13.5%	9.4%	23.9%
AOA	-13.1%	5.5%	18.7%
AOM	-13.0%	1.3%	12.7%
AOK	-12.5%	-0.8%	10.0%

※ 출처: www.etf.com

해외주식 ETF 실전투자 전략 3
섹터 ETF 투자하기

섹터 ETF란 주식시장에 상장된 기업들을 몇 가지 산업군으로 묶은 섹터 내의 종목들로 포트폴리오를 구성하는 ETF입니다. S&P500에는 11개의 섹터가 존재한다고 앞에서 설명했습니다.

◆ 미국 S&P500 섹터별 대표 ETF 및 최근 수익률

U.S. Sector						
Index	ETF	Today	1 Month	YTD	1 Year	3 Years
Basic Materials	XLB	0.66%	-2.41%	-13.85%	-8.87%	28.22%
Communication Services	XLC	0.68%	-4.85%	-39.33%	-37.82%	-12.61%
Consumer Discretionary	XLY	-1.16%	-7.89%	-36.48%	-32.31%	4.27%
Consumer Staples	XLP	-0.08%	-0.62%	-3.75%	-0.66%	17.62%
Energy	XLE	1.51%	-7.51%	52.70%	59.88%	42.25%
Financial Services	XLF	0.42%	-5.17%	-14.11%	-10.94%	9.32%
Healthcare	XLV	-0.02%	-0.10%	-4.58%	-1.55%	31.76%
Industrial	XLI	0.12%	-2.21%	-8.10%	-3.17%	19.40%
Technology	XLK	0.15%	-4.91%	-27.76%	-24.13%	38.11%
Utilities	XLU	0.03%	1.16%	-2.70%	0.17%	7.83%
Real Estate	XLRE	-0.22%	-3.92%	-29.43%	-25.84%	-4.39%

※ 출처: seekingalpha.com

S&P500 11개 섹터의 대표 ETF 상품을 정리한 앞의 그림에서도 알 수 있듯이 미국 11개 섹터의 대표 ETF는 모두 스테이트 스트리트 글로벌 어드바이저스에서 운영하는 ETF입니다. 앞서 지역별 ETF는 뱅가드와 블랙록이 대표 ETF들을 양분하고 있다고 설명했는데요. 섹터별 ETF에서는 이두 자산운용사의 ETF보다 스테이트 스트리트 글로벌 어드바이저스의 섹터 ETF가 각 섹터별 대표 ETF로 자리매김하고 있습니다.

섹터 ETF에 투자할 때 가장 중요하게 고려해야 하는 사항은 바로 경기순환입니다. 경제는 '회복 → 활황 → 후퇴 → 수축'이라는 사이클이 반복되면서 장기적으로 우상향해왔습니다. 경기 사이클에 따라서 섹터별 성과에도 차이가 존재했죠.

다음의 그림은 글로벌 자산운용사 피델리티가 경기 사이클과 섹터별 성

◆ 경기 사이클과 섹터 수익률의 상관관계

Historical Performance of Sectors across the business cycle

Sector	Early Rebounds	Mid Peaks	Late Moderates	Recession Contracts
Financials	+			– –
Real Estate	++	–	+	– –
Consumer Discretionary	++		– –	+
Technology	+	+		– –
Industrials	++			– –
Materials	+	– –		
Consumer Staples		–	+	++
Health Care	– –			++
Energy	– –		++	
Communication Services		+		–
Utilities	– –	–	+	++

※ 출처: fidelity.com

과를 보기 쉽게 정리한 것입니다.

앞의 그림에서 보면 경기의 회복 국면과 활황 국면에서 좋은 수익을 나타내는 섹터는 금융, 부동산, 임의소비재, 정보기술, 산업재, 소재였습니다. 반면 헬스케어와 에너지, 유틸리티는 경기 회복기에는 그다지 좋지 못한 성과를 보였죠. 경기 후퇴기와 침체기에는 필수소비재와 헬스케어, 유틸리티가 좋은 성과를 보였지만 금융과 부동산, 정보기술 등은 나쁜 성과를 나타냈습니다.

결국 섹터 ETF를 투자에 활용할 경우 중요한 점은 현재 경기가 어느 지점에 와있고 앞으로 어떻게 진행될지에 대한 판단과 그에 따른 투자 섹터 선정입니다.

다만 모든 경기지표들은 선행, 동행, 후행하면서 우리에게 신호를 주지만 정확하게 현재의 경기가 어떤 상태에 있는지 판단하는 것은 불가능하다는 한계를 인식해야 합니다. 경기를 정확하게 맞추려 하기보다 나만의 기준으로 경기를 판단하되 경제 상황에 맞게끔 유연하게 대처하는 전략이 필요합니다.

해외주식 ETF 실전투자 전략 4
스타일 ETF 투자하기

ETF의 실전투자 전략 네 번째는 스타일 ETF를 활용하는 것입니다. 스타일 ETF란 주식의 특성과 성과가 비슷한 종목들로 포트폴리오를 구성해 산출된 지수를 추종하는 ETF를 뜻합니다. 시장 지수를 추종하는 ETF와 달리 스타일 ETF는 ETF에 펀드매니저가 직접 운용하는 것과 같은 액티브 펀드의 성격을 추가한 상품이라고 할 수 있습니다. 가장 대표적인 스타일 ETF는 성장주, 가치주, 로우볼, 모멘텀 등이 있습니다.

액티브 펀드는 운용수수료가 높고 환매에 시간이 오래 걸리는 데다 매수 및 매도도 내가 원하는 특정 시점을 지정할 수 없습니다. 반면에 스타일 ETF는 이런 단점들을 극복하면서도 액티브 ETF와 같이 펀드매니저가 운용하는 것과 같은 효과를 볼 수 있다는 장점이 존재합니다. 대표적인 스타일 ETF는 다음과 같습니다.

◆ 성장주 및 가치주 대표 스타일 ETF 상품

티커	ETF명	운용보수	운용자산
IUSG	iShares Core S&P U.S. Growth ETF	0.04%	15.3조 원
IUSV	iShares Core S&P U.S. Value ETF	0.04%	16.2조 원
EFG	iShares MSCI EAFE Growth ETF	0.35%	12.7조 원
EFV	iShares MSCI EAFE Value ETF	0.35%	19.2조 원

위에서 언급하는 4개의 ETF 모두 블랙록에서 운영합니다. IUSG와 IUSV는 모두 S&P500을 기본으로 하되 IUSG는 S&P500 Growth 지수를, IUSV는 S&P500 Value 지수를 추종합니다. 두 ETF의 상위 보유종목 10개를 비교해보면 IUSG에는 알파벳(구글), 엔비디아, 테슬라 등이 포함되어 있는 반면, IUSV에는 버크셔 해서웨이, JP 모건, 뱅크 오브 아메리카 등이 포함되어 있습니다.

EFG와 EFV는 미국과 캐나다를 제외한 선진국인 유럽, 호주, 일본 기업 등을 포함한 MSCI EAFE 지수를 추종하는 ETF입니다. EFG는 성장주 스타일, EFV는 가치주 스타일로 운영됩니다.

성장주와 가치주 외에도 주가의 변동성이 낮은 기업들을 포트폴리오로 구성하는 로우볼 스타일, 여러 팩터들을 계량적으로 분석하여 팔방미인 주식들을 포트폴리오로 구성하는 멀티팩터 스타일, 거래량이 많고 주가가 많이 상승하는 종목들로 구성된 모멘텀 스타일 등이 있습니다.

◆ 로우볼, 멀티팩터, 모멘텀 스타일 대표 ETF

스타일	티커	ETF명	운용보수	운용자산
로우볼	SPLV	Invesco S&P500 Low Volatility ETF	0.25%	13.5조 원
	USMV	iShares MSCI USA Min Vol Factor ETF	0.15%	38조 원
멀티팩터	LRGF	iShares US Equity Factor ETF	0.08%	1.5조 원
	INTF	iShares International Equity Factor ETF	0.15%	1.1조 원
모멘텀	MTUM	iShares MSCI USA Momentum Factor ETF	0.15%	15.3조 원
	PDP	Invesco DWA Momentum ETF	0.62%	1.4조 원
	SPMO	Invesco S&P500 Momentum ETF	0.13%	0.2조 원

해외주식 ETF 실전투자 전략 5
테마 ETF 투자하기

테마 ETF는 특정한 테마와 관련 있는 주식들을 포트폴리오로 구성해 산출된 지수를 추종하는 ETF를 말합니다. 신재생에너지, 항공우주, 빅테이터, 클라우드컴퓨팅, 로보틱스, 블록체인 등 미래 성장산업뿐만 아니라 은행, 보험, 음식료, 소매, 운송, 항공 등 기존 산업과 관련된 테마도 ETF로 존재합니다. 이러한 테마 ETF는 기업이 아니라 특정한 산업이나 특정 주제와 관련된 기업들에 분산하여 투자하고 싶을 때 가장 잘 활용할 수 있습니다.

테마 ETF 중 국내 투자자들이 가장 많은 관심을 가지는 테마는 바로 기술 테마 ETF입니다. 2017년부터 2020년까지 미국 주식시장에서 가장 많이 상승한 섹터가 정보기술이었기 때문에 관련 테마들도 많은 관심을 받았죠. 각 기술별 대표적인 ETF는 다음과 같습니다.

테마	티커	ETF명	운용보수	운용자산
반도체	PSI	Invesco Dynamic Semiconductors ETF	0.56%	6천억 원
빅데이터	AIQ	GlobalX Artificial Intelligence & Technology ETF	0.68%	1,500억 원
사이버보안	CIBR	First Trust Nasdaq Cybersecurity ETF	0.60%	6조 원
e스포츠	ESPO	VanEck Video Gaming and eSports ETF	0.55%	3천억 원
클라우드컴퓨팅	SKYY	First Trust Cloud Computing ETF	0.60%	3.5조 원
소셜미디어	SOCL	GlobalX Social Media ETF	0.65%	1,500억 원
로보틱스	ROBO	ROBO Global Robotics and Automation Index ETF	0.95%	1.5조 원
블록체인	BLOK	Amplify Transformational Data Sharing ETF	0.71%	4,700억 원

※ 출처: https://seekingalpha.com/etfs-and-funds/etf-tables/themes_and_subsectors

테마 ETF는 다른 ETF에 비해 운용보수가 평균적으로 높고 운용자산 규모가 적은 특징을 지닙니다. 특정 테마에 집중해 투자종목을 선정하다 보니 투자대상이 적을 때도 있고, 특정 산업에 집중해서 투자하는 만큼 주가의 변동 폭도 상대적으로 큰 편입니다.

기술 테마 ETF 중에서 PSI는 인베스코(Invesco)에서 운영하는 ETF로 미국에 상장된 반도체 회사들에 중점으로 투자하는 ETF입니다. 포트폴리오 내 상위 기업은 엔비디아, 아날로그 디바이스, 브로드컴, AMD, 퀄컴 등이 여기에 포함됩니다. 다음으로 CIBR은 퍼스트 트러스트(First Trust)에서 운용하는 ETF로 사이버보안 회사에 중점을 둔 ETF입니다. 포트폴리오 내 상위 기업은 포르티넷, 팔로알토네트웍스, 브로드컴, 시스코시스템즈 등이며 주로 소프트웨어 및 네트워킹 회사를 보유하고 있습니다. 마지막으로 살펴볼 SKYY 또한 퍼스트 트러스트에서 운용하는 ETF로 클라우드컴퓨팅을 주제로 생긴 첫 번째 ETF였기에 투자자들의 많은 관심을 받았습니다. 포트폴리오의 98%가 미국에 상장된 회사에 투자되고 있으며 포트폴리오 내 상위 기업은 몽고DB, 오라클, 뉴타닉스, 퓨어스토리지 등이 있습니다.

기술 테마 외에도 에너지, 바이오, 항공우주 테마들이 있는데 그중 대표적인 ETF들은 다음과 같습니다. 먼저 신재생에너지 ETF 중에서 투자자들에

◆ 에너지, 바이오, 항공우주 테마 대표 ETF

테마	티커	ETF명	운용보수	운용자산
원자력	NLR	VanEck Uranium+Nuclear Energy ETF	0.60%	670억 원
태양에너지	TAN	Invesco Solar ETF	0.69%	3.4조 원
풍력에너지	FAN	First Trust Global Wind Energy ETF	0.62%	3,600억 원
클린에너지	PBD	Invesco Global Clean Energy ETF	0.75%	2,700억 원
수소에너지	HDRO	Defiance Next Gen H2 ETF	0.30%	500억 원
바이오테크	PBE	Invesco Dynamic Biotechnology & Genome ETF	0.59%	3,200억 원
제약	PJP	Invesco Dynamic Pharmaceuticals ETF	0.58%	4,200억 원
의료장비	IHI	iShares U.S. Medical Devices ETF	0.39%	8조 원
우주&방산	PPA	Invesco Aerospace & Defense ETF	0.58%	2.2조 원
글로벌인프라	GII	SPDR S&P Global Infrastructure ETF	0.40%	7,600억 원
항공	JETS	U.S. Global Jets ETF	0.60%	2.6조 원

게 인기가 많은 ETF인 TAN은 인베스코에서 운용하며 태양광 에너지 산업 관련 회사에 집중된 포트폴리오를 보유한 ETF입니다. 포트폴리오 내 상위 기업은 First Solar, Solar Edge Technology, Enphase Energy, GCL Technology 등이 있습니다.

내가 원하는 테마 ETF를 찾고 싶을 때 유용한 방법

앞서 설명한 ETF닷컴의 [Screener & Database]에서 ETF를 검색하는 필터 (ETF Filters)로 Niche(틈새시장) 분류를 클릭하면 내가 원하는 테마의 ETF를 찾는 데 유용합니다. Niche 세그먼트를 펼쳐보기로 누르면 5G, 우주, 농업, 항공, 자동차, 빅테크, 바이오테크, 블록체인, 사이버보안, 디지털 페이먼트, 헬스케어, 인프라스트럭처 등 여러 가지 테마로 분류된 ETF들을 검색할 수 있습니다.

◆ ETF닷컴에서 내가 원하는 테마 찾는 방법

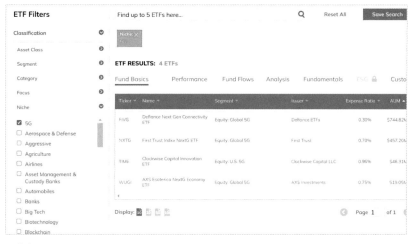

※ 출처: www.etf.com

📖

대표 ETF를 확인하는 방법

똑같은 자산을 추종하는 ETF라 하더라도 각 자산별로 대표적인 ETF가 존재합니다. S&P500을 추종하는 ETF를 예를 들면 SPY, IVV, VOO가 대표 ETF가 되겠죠. 특정 상품의 대표 ETF는 오랜 기간 시장 참여자들의 검증을 받아 운용자산이 크고 운용보수도 상대 펀드 대비 낮으며, 벤치마크와의 괴리율이 낮을 확률이 높습니다. 이러한 조건들을 잘 맞춰왔기 때문에 대표 ETF로 자리 잡았을 것입니다.

특정 상품의 대표 ETF를 확인하는 방법으로는 크게 다음의 3가지가 있습니다.

구글에서 'BEST + 키워드 + ETF'로 검색한다

우리가 필요한 ETF를 찾을 때처럼 구글 검색을 활용하는 방법입니다. 예를 들어 태양에너지 관련 대표 ETF를 찾고 싶다면, 구글에서 'BEST SOLAR ETF'라고 검색합니다. 오른쪽의 그림과 같이 태양력 및 신재생에너지를 대표하는 ETF로 ICLN, TAN, PBW, QCLN 등이 소개되는 것을 확인할 수 있습니다. 이렇게 검색된 대표 ETF들을 앞에서 배운 ETF닷컴, 시킹알파 등의 사이트에서 운용자산, 운용수수료, 과거 성과 등을 비교해보면 됩니다.

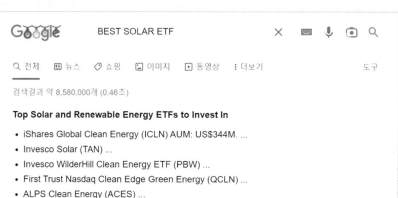

ETF닷컴에서 Screener 카테고리 활용하기

ETF닷컴 홈페이지에서 [Tools & Data] 탭의 첫 번째 항목인 [Screener & Database] 기능을 활용해 내가 원하는 카테고리별 대표 ETF를 확인할 수도 있습니다. 예를 들어 금을 추종하는 대표 ETF를 검색하고 싶을 때 Screener 기능의 ETF Filters에서 자산 분류에 Commodities를 선택한 후 오른쪽 조회 되는 결과에 AUM이 큰 순서대로 정렬하면 전 세계 상품 ETF 중에서 운용자 산이 큰 ETF부터 검색됩니다. 다음의 화면처럼 금 지수를 추종하는 GLD와 IAU가 가장 상위에 검색되고 세 번째로 은을 추종하는 SLV가 조회되는 것을 확인할 수 있습니다.

◆ Screener 기능을 활용한 Commodities 상품 검색

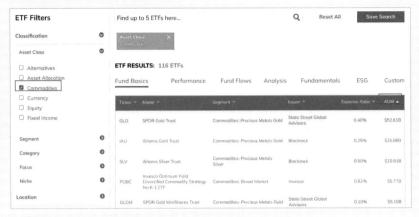

※ 출처: www.etf.com

시킹알파에서 분야별 대표 ETF 확인하기

시킹알파 홈페이지에 접속해 상위 메뉴에서 ETFs를 클릭한 후 하위 메뉴에서 ETF for Bonds를 클릭합니다. 조회되는 페이지의 왼쪽에 분야별 ETF가 조회됩니다. 분야별 ETF를 클릭하면 각 상품을 대표하는 ETF를 확인할 수 있습니다.

가장 상단의 Key Market Data를 클릭하면 시장 지수를 대표하는 ETF를 확인할 수 있습니다. S&P500은 SPY ETF, 다우존스 지수는 DIA, 나스닥100 지수는 QQQ가 대표 ETF임을 확인할 수 있죠. 특정 국가에 투자하는 ETF를 확인하고 싶다면 Country를 클릭해 확인할 수 있습니다. 해당 페이지에는 각 나라에 투자하는 ETF들이 정리되어 있습니다. 배당주에 투자하는 ETF가 궁금하다면 Dividend를 클릭해 미국에 투자하는 대표 ETF부터 전 세계

◆ 시킹알파에서 조회하는 분야별 대표 ETF

Key Market ETFs

View ETFs

Key Market ETFs

Bond ETFs

Commodity ETFs

Country ETFs

Currency ETFs

Dividend ETFs

Emerging Market ETFs

Global & Regional ETFs

Growth vs. Value ETFs

Market Cap ETFs

Real Estate ETFs

Sector ETFs

ETF Strategies

Smart Beta

U.S. Equities

Index	ETF	Today	1 Month	YTD	1 Year	3 Years	Day Range	
S&P 500	SPY	1.50%	-2.12%	-18.68%	-16.59%	20.42%	382.69 ●—— 387.41	348.1
DJIA	DIA	1.59%	-1.02%	-8.18%	-6.05%	17.27%	331.12 ●—— 334.33	286.6
NASDAQ 100	QQQ	1.45%	-2.99%	-31.27%	-29.74%	29.16%	269.74 ●—— 274.78	254.2
Mid Cap	MDY	1.90%	-2.59%	-13.95%	-11.05%	18.62%	441.07 ●—— 446.57	396.1
Small Cap	IJR	1.55%	-4.08%	-16.66%	-14.35%	13.92%	94.69 ●—— 95.89	86.4
Micro Cap	IWC	1.60%	-3.44%	-23.43%	-22.25%	8.07%	106.07 ●—— 107.88	100.7

Global Equities

Index	ETF	Today	1 Month	YTD	1 Year	3 Years	Day Range	5:
World Equities	ACWI	1.31%	-0.86%	-18.98%	-17.17%	8.66%	84.96 ●—— 85.94	75.71
Emerging Markets	ADRE	1.60%	2.52%	-16.86%	-15.55%	-14.56%	37.43 ●—— 38.06	31.47
World ex-US	SPDW	1.01%	1.05%	-17.98%	-16.28%	-5.32%	29.75 ●—— 30.00	25.13
Developed Markets	VEA	1.00%	1.12%	-17.20%	-15.44%	-4.43%	42.04 ●—— 42.38	35.43
EAFE	IEFA	0.98%	2.17%	-15.83%	-15.13%	-4.37%	61.77 ●—— 62.26	51.34

※ 출처: seekingalpha.com

를 대상으로 하는 ETF들을 종류별로 확인할 수 있습니다. 스타일 ETF인 성장 ETF 혹은 가치 ETF를 찾고 싶다면 Growth vs. Value를 클릭해 확인합니다. 미국에만 투자하는 성장 ETF 혹은 가치 ETF부터 전 세계에 투자하는 성장 ETF와 가치 ETF까지 확인할 수 있습니다.

PART 5

매월 일정한 수입이 생긴다면 얼마나 좋을까요. 일하지 않고도 월급을 받는 꿈은 아마 모든 직장인의 희망일 겁니다. 이런 꿈을 해외 배당주 투자를 통해 이루는 투자자들이 존재한다는 사실 알고 계시나요? 도대체 배당주가 무엇이기에 이게 가능할까요?

이번 파트에서는 실전투자 전략 마지막으로 해외 배당주 투자에 대해 알아봅니다. 국내 배당주와 다른 해외 배당주 투자의 매력부터 배당주를 고르기 위한 핵심 지표, 50년 이상 배당금을 증가시켜온 배당킹 리스트까지 해외 배당주 투자에 꼭 필요한 정보들을 배워보겠습니다.

해외주식유치원
5학년

해외주식 실전투자 3
배당주 투자

9장 해외주식 배당주 투자법

해외 배당주 투자로 매월 제2의 월급을 만드는 것을 목표로 하는 투자자들이 많습니다. 이것이 가능한 이유는 해외주식의 경우 분기 배당, 혹은 월 단위로 배당을 하는 주식이 많기 때문입니다. 우리나라는 매년 주주총회 후 한 달 이내에 배당금을 지급하기 때문에 보통 4월에 배당금이 지급됩니다. 반면 해외주식은 배당금을 지급하는 시기도 회사마다 다릅니다. 그렇기 때문에 배당주로 포트폴리오를 잘 구성하면 매월 배당금이 입금될 수 있도록 설정할 수 있죠. 이번 장에서는 배당주 투자에 있어 필수적인 정보들을 정리했습니다.

- 배당주 투자 국내 배당주 투자와 다른 점
- 좋은 배당주를 고르는 핵심기준 3가지
- 배당수익률보다 배당성장률을 보자 YOC의 중요성
- 배당주로 매월 현금흐름 만드는 법
- 배당주에도 고배당주와 배당성장주가 있다
- ETF로 배당주 투자하기

📖 방과 후 과정 9 | 배당주 투자에 도움이 되는 사이트

배당주 투자
국내 배당주 투자와 다른 점

주식을 매수하면 투자자는 크게 2가지 수익을 기대합니다. 하나는 주가가 상승하는 시세차익이고, 다른 하나는 배당 수익이죠. 배당이란 기업이 경영 활동을 통해 벌어들인 이익을 주주들에게 환원하는 것을 말합니다. 따라서 배당주 투자는 배당금 수령을 주된 목적으로 하는 주식투자를 말합니다.

물론 배당주에 투자한다는 것이 주가 상승을 기대하지 않는다는 의미는 아닙니다. 50년 이상 배당을 지속적으로 늘려온 '배당킹' 코카콜라는 매년 지속적으로 배당금을 늘려 지급했지만 주가 역시 지속적으로 상승했죠. 기업이 배당금을 지급하려면 배당금을 지급할 수 있는 돈이 있어야 합니다. 결국 경영 활동을 잘하는 기업이 배당도 잘할 수 있는 것이죠.

배당주에 투자하기 위해서는 먼저 배당과 관련된 투자 용어들을 이해해야 합니다.

- 배당(Dividend) : 기업이 경영 활동을 통해 벌어들인 이익을 주주들에게 환원하는 것으로 현금으로 지급하는 현금배당과 주식으로 지급하는 주식배당이 있습니다.
- 배당 성향(Payout Ratio) : 기업의 순이익을 100으로 환산했을 때 그중에서 배당금을 어느 정도 지불했는가를 나타내는 지표입니다. 예를 들어 배당 성향이 50%라는 것은 순이익 중 절반을 배당에 썼다는 말입니다.
- 배당수익률(Dividend Yield) : 배당금을 기업의 주가로 나눈 수치입니다. 기업의 배당금이 1달러인데, 주가가 100달러였다면 배당수익률은 1%가 되죠. 이러한 배당수익률은 배당금을 최근 4개 분기 배당금의 합계로 계산할 것이냐, 앞으로 지급될 예상 배당금을 기준으로 할 것이냐에 따라 차이가 날 수 있습니다.
- 주당 배당금(Dividend per Share) : 총 배당금을 기업이 발행한 주식수로 나눠 주식 1주당 얼마의 배당금을 받는지 나타내는 수치입니다.

미국 주식시장에는 아주 오랜 기간 배당금을 지급하면서도 배당금을 한번도 줄이거나 배당금 지급을 멈추지 않은 기업들이 존재합니다. 이들을 이르는 별칭이 존재할 정도인데요. 무려 50년 이상 배당을 증가시키고 지급해온 기업을 '배당킹', 25년 이상 증가시켜온 기업을 '배당귀족', 10년 이상 증가시켜온 기업을 '배당챔피언'이라고 부르는데요. 우리나라에도 전

통적인 배당주들이 존재하지만 주식시장의 역사가 짧기 때문에 배당킹, 배당귀족이라 불릴만한 주식은 아직 존재하지 않습니다.

미국 배당주가 국내 배당주와 다른 차이점은 바로 배당금 지급 시기입니다. 최근 국내 은행지주사들이 앞다투어 분기 배당을 발표하는 등 국내에서도 분기 배당을 확대하는 움직임이 일부 기업에서 나타나고 있지만, 아직까지 국내 기업들은 대부분 연 1회 배당금을 지급하고 있습니다. 이마저도 배당금이 얼마가 될지 모른 채 우선 매해 연말 주주명부를 폐쇄한 뒤 다음 해 3월 주주총회에서 배당금을 결정해 '깜깜이 배당'이라고도 불립니다.

반면 미국은 많은 기업이 분기 배당을 실시합니다. 회사가 벌어들인 이익을 주주들에게 자주 환원함으로써 주주들에게도 꾸준한 현금흐름을 만들어주는 것이죠. 또한 미국은 우리나라와 달리 이사회를 통해 먼저 배당금이 얼마가 될지를 선언하고(Dividend Declaration), 배당락일을 정해 투자자들이 배당금이 얼마인지 알고 투자할 수 있도록 해줍니다.

미국 배당주 투자가 국내 배당주 투자와 다른 점 세 번째는 바로 세금입니다. 국내주식의 경우 배당금에는 15.4%의 세금이 원천징수됩니다. 반면 해외주식 배당금에는 해당 국가의 세율에 따라 2가지 프로세스로 진행됩니다. 먼저 해외주식이 상장되어 있는 국가의 세율이 14%보다 높은 경우 해당 국가에서 배당금이 원천징수된 후 증권사 계좌로 입금되면 국내에서는 별도의 세금이 책정되지 않습니다. 반면 해당 국가의 세율이 14%보다 낮은 경우에는 해당 국가에서 원천징수된 이후 국내 증권사 계좌로 입금되면 증권사에서 다시 한 번 국내 세율(15%)과 해외 세율(15% 이하)의 차이를 원천징수하고 투자자에게 지급합니다.

해외 배당금도 국내 배당금과 마찬가지로 연간 이자 및 배당 합산 금액이 2천만 원을 초과할 경우 금융소득종합과세 대상자가 됩니다.

좋은 배당주를 고르는 핵심기준 3가지

배당주 투자의 핵심은 꾸준하면서도 점진적으로 배당금 지급을 늘려갈 회사를 선별하는 것입니다. 배당금을 지속적으로 지급하는 것뿐만 아니라 늘려가는 것이 중요한 이유는 이는 곧 회사가 더 많은 이익을 벌어들이고 있다는 것의 간접적인 증거가 되기 때문입니다. 회사가 꾸준히 배당을 지급하기 위해서는 그 재원이 되는 회사의 이익이 뒷받침되어야 하는 것이죠.

배당주에 처음 투자하는 투자자들은 보통 배당수익률에 초점을 맞추게 됩니다. 지금 매수하면 배당수익률이 높은 기업들이 아무래도 눈에 들어오게 되죠. 하지만 배당수익률이 높더라도 주가가 하락한다면 배당수익률보다 더 큰 손실을 보게 될 수도 있습니다. 따라서 높은 배당수익률은 오히려 배당주를 선택하는 좋은 기준이 아닐 수 있죠. 그렇다면 좋은 배당주를 고르기 위해서는 어떤 기준을 가지고 있어야 할까요?

배당을 꾸준히 지급해왔는가

배당주 투자의 핵심은 결국 '해당 기업이 내가 기대하는 바대로 배당금을 꾸준히 안정적으로 지급해줄 것인가'입니다. 빠르게 변하는 기업의 경영 환경 속에서 미래를 장담할 수 있는 사람은 아무도 없습니다. 다만 투자자로서 우리는 과거 기업이 어떤 모습을 보였는지에 따라 현재를 판단할 수 있습니다.

2008년의 금융위기, 2020년의 코로나19 팬데믹 등 최근 20년 사이에도 경제 위기는 반복되어 왔습니다. 이러한 위기 속에서 기업이 배당금을 삭감하거나 지급을 중단했는지 확인함으로써 미래에 그 가능성을 점쳐보는 것이죠.

놀랍게도 미국에는 50년 이상 배당금을 꾸준히 지급해온 배당킹 기업이 2022년에만 48개가 존재합니다. 이러한 배당킹 기업들에는 우리에게도 친숙한 코카콜라, 3M, P&G, 존슨앤존슨과 같은 회사들이 포함되어 있습니다.

배당이 성장하고 있는가

좋은 배당주를 찾는 두 번째 기준은 바로 배당성장률입니다. 배당을 꾸준히 지급해온 역사도 중요하지만 배당금이 지속적으로 상승했는지도 중요하게 살펴봐야 합니다.

JNJ Dividend Growth Grade	Sector Relative Grade	JNJ	Sector Median	% Diff. to Sector	JNJ 5Y Avg.	% Diff. to 5Y Avg.
1 Year Dividend Growth Rate (TTM)		5.80%	7.50%	-22.71%	5.72%	1.33%
Dividend Per Share Growth (FWD)		4.99%	6.45%	-22.54%	5.98%	-16.50%
Dividend Per Share Growth FY1 - FY3 (CAGR)		3.43%	2.87%	19.40%	3.32%	3.02%
Dividend Growth Rate 3Y (CAGR)		5.87%	7.38%	-20.46%	6.09%	-3.62%
Dividend Growth Rate 5Y (CAGR)		6.03%	6.50%	-7.24%	6.28%	-3.97%
Dividend Growth Rate 10Y (CAGR)		6.37%	7.18%	-11.26%	6.84%	-6.87%

※ 출처: seekingalpha.com

배당성장률이란 말 그대로 배당이 과거 대비 얼마나 성장했는가를 계산하는 지표입니다. 1년 전 배당금이 1달러였는데, 올해 배당금이 1.1달러로 증가했다면 1년간 배당성장률은 10%입니다.

배당성장률은 직접 계산해도 되지만 시킹알파 웹사이트에서 확인할 수 있습니다. 위의 그림은 배당킹으로 알려진 존슨앤존슨(티커 JNJ)의 배당성장률을 나타낸 것입니다. 배당성장률을 확인하는 경로는 시킹알파 홈페이지에서 종목 검색 ⇨ Dividends ⇨ Dividend Growth를 통해 확인할 수 있습니다.

배당 성향이 적정한가

배당 성향이란 순이익 중에서 배당금으로 지급한 비율을 뜻합니다. 배당성향이 100%가 넘으면 기업이 순이익보다 많은 금액을 배당금으로 지급했다는 뜻이 되며, 반대로 배당 성향이 너무 낮을 경우 기업이 벌어들인 이익을 주주들에게 나눠주지 않는다는 뜻으로 해석할 수 있습니다.

배당 성향은 그 자체의 수치를 해석하는 것뿐만 아니라 동일 섹터 내의 다른 기업들과 비교해보는 것도 중요합니다. 섹터에 따라 배당 성향이 높거나 낮은 특징을 지니기 때문입니다. 배당 성향이 정확히 몇 %면 가장 좋다는 공식은 없습니다. 다만 2022년 배당킹 종목들의 평균 배당 성향은 55%였습니다. 배당 성향이 100%가 넘는 기업들은 순이익을 초과하여 배당금을 지급하는 기업들이기 때문에 이러한 배당이 오래 지속되지는 못할 수도 있음을 유의해야 합니다.

◆ 2022년 미국의 배당킹 기업

티커	종목명	섹터	지속기간(년)
AWR	American States Water Co.	Utilities	68
NWN	Northwest Natural Holding Co	Utilities	67
DOV	Dover Corp.	Industrials	67
PG	Procter & Gamble Co.	Consumer Defensive	66
EMR	Emerson Electric Co.	Industrials	66
GPC	Genuine Parts Co.	Consumer Cyclical	66
PH	Parker-Hannifin Corp.	Industrials	66
MMM	3M Co.	Industrials	64
CINF	Cincinnati Financial Corp.	Financial Services	62
KO	Coca-Cola Co.	Consumer Defensive	60

JNJ	Johnson & Johnson	Healthcare	60
CL	Colgate-Palmolive Co.	Consumer Defensive	60
LOW	Lowe's Cos., Inc.	Consumer Cyclical	60
LANC	Lancaster Colony Corp.	Consumer Defensive	60
NDSN	Nordson Corp.	Industrials	59
ITW	Illinois Tool Works, Inc.	Industrials	58
HRL	Hormel Foods Corp.	Consumer Defensive	57
FMCB	Farmers & Merchants Bancorp	Financial Services	57
SWK	Stanley Black & Decker Inc.	Industrials	55
FRT	Federal Realty Investment Trust.	Real Estate	55
ABM	ABM Industries Inc.	Industrials	55
SCL	Stepan Co.	Basic Materials	55
TGT	Target Corp.	Consumer Defensive	54
SJW	SJW Group	Utilities	54
CWT	California Water Service Group	Utilities	54
TR	Tootsie Roll Industries, Inc.	Consumer Defensive	54
MO	Altria Group Inc.	Consumer Defensive	53
CBSH	Commerce Bancshares, Inc.	Financial Services	53
FUL	H.B. Fuller Company	Basic Materials	53
UVV	Universal Corp.	Consumer Defensive	52
BKH	Black Hills Corporation	Utilities	52
NFG	National Fuel Gas Co.	Energy	52
SYY	Sysco Corp.	Consumer Defensive	52
MSA	MSA Safety Inc.	Industrials	52
LEG	Leggett & Platt, Inc.	Consumer Cyclical	51

ABBV	Abbvie Inc.	Healthcare	51
PPG	PPG Industries, Inc.	Basic Materials	51
ABT	Abbott Laboratories	Healthcare	51
TNC	Tennant Co.	Industrials	51
BDX	Becton, Dickinson And Co.	Healthcare	51
GWW	W.W. Grainger Inc.	Industrials	51
VFC	VF Corp.	Consumer Cyclical	50
CDUAF	Canadian Utilities Ltd.	Utilities	50
KMB	Kimberly-Clark Corp.	Consumer Defensive	50
GRC	Gorman-Rupp Co.	Industrials	50
PEP	PepsiCo Inc.	Consumer Defensive	50
NUE	Nucor Corp.	Basic Materials	50
MSEX	Middlesex Water Co.	Utilities	50

배당수익률보다 배당성장률을 보자
YOC의 중요성

앞에서 좋은 배당주를 고르는 3가지 기준으로 배당의 지속성, 배당의 성장성, 적정한 배당 성향에 대해 설명했습니다. 첫 번째 기준인 배당의 지속성은 이미 배당킹, 배당귀족, 배당챔피언 등으로 분류되는 기업들이 이를 증명하고 있습니다. 그렇다면 이들 기업 중에서 어떤 기업을 고를 것인가의 문제는 결국 앞으로 배당이 얼마나 성장할 수 있는가에 달려있습니다.

흔히들 배당주 투자라고 하면 당장 높은 배당수익률을 주는 기업을 떠올립니다. 당장 주가 대비 배당수익률이 높으니 관심이 가는 것은 당연합니다. 하지만 이렇게 높은 배당수익률도 지속되지 않는다면 오히려 주가 하락으로 더 큰 손실을 볼 수 있다는 사실 꼭 명심해야 합니다.

미국 배당주 투자에서 빠지지 않고 단골로 등장하는 기업으로는 코카콜라, P&G, 존슨앤존슨, 스타벅스, 그리고 최근 배당금을 조금씩 늘려가고 있는 애플 등이 있습니다. 다음의 예시를 통해 이들 기업의 배당 성장이 어떤 효과를 불러오는지 살펴보겠습니다.

배당 성장의 핵심 투자 아이디어는 배당이 성장하면서 시간이 지날수록 과거의 투자가 높은 배당수익률로 변한다는 것입니다. 아래의 표는 2018년 12월 말에 아래 5개의 종목에 투자했다면 5년이 지난 2022년 12월 기준으로 해당 투자자의 배당수익률이 어떻게 변했는지를 보여주는 예입니다.

2018년 12월 말 코카콜라에 투자했다면 당시 코카콜라의 배당수익률은 3.4%였습니다. 5년 동안 코카콜라의 배당성장률은 3.5%였고 1.6달러였던 연간 배당금은 1.7달러로 상승하게 되죠. 2018년 12월 주당 47달러에 코카콜라에 투자한 투자자는 2022년 1.7달러의 배당금을 받으면서 배당

◆ 대표 배당주의 5년간 배당성장률 및 YOC

티커	종목명	2018년			2022년			2018년 기준 투자자 YOC	5년간 배당 성장률
		주가 (12월)	배당금	배당 수익률	주가 (12월)	배당금	배당 수익률		
KO	Coca-Cola Co.	47달러	1.60달러	3.4%	63달러	1.76달러	2.8%	3.7%	3.5%
PG	Procter & Gamble Co.	91달러	2.95달러	3.2%	152달러	3.60달러	2.4%	4.0%	5.7%
JNJ	Johnson & Johnson	127달러	3.75달러	3.0%	177달러	4.45달러	2.5%	3.5%	6.0%
SBUX	Starbucks Corporation	64달러	1.49달러	2.3%	98달러	2.00달러	2.0%	3.1%	13.8%
AAPL	APPLE	39달러	0.76달러	1.9%	132달러	1.07달러	0.8%	2.7%	8.15%

수익률 3.7%로 투자 당시 대비보다 0.3% 상승하게 됩니다.

이러한 개념을 투자 대비 배당률(YOC, Yield on Cost)이라고 부릅니다. 내가 주식을 취득했을 때의 가격으로 한 기업의 배당수익률을 계산하는 것이죠. 아래의 그림은 코카콜라의 투자 대비 배당률 그래프입니다. 그래프의 X축은 역순으로 표시된 시간입니다. 가장 왼쪽의 0Y가 최근 날짜, 오른쪽의 5Y는 현재 시점에서 5년 전의 시간입니다. 그래프의 Y축은 배당수익률을 보여줍니다. 코카콜라를 0Y, 즉 현재 시점에서 투자하면 배당수익률이 3%를 밑돌지만 5년 전인 2018년에 투자했다면 배당수익률이 현재 4%에 이른다는 것을 보여줍니다.

배당성장률이 높을수록, 그리고 투자 기간이 길수록 초기 투자금의 배당수익률 상승효과는 더욱 극대화됩니다. 오른쪽의 그림은 스타벅스의 10년에 대한 투자 대비 배당률 그래프입니다. 현재 시점에서의 배당수익률은 그래프의 가장 좌측에 표시된 2%에 불과하지만 10년 전에 스타벅스에

◆ **최근 10년 코카콜라의 투자 대비 배당률**

※ 출처: seekingalpha.com

◆ 최근 10년 스타벅스의 투자 대비 배당률

※ 출처: seekingalpha.com

투자한 투자자라면 현재 스타벅스가 주는 배당금은 배당수익률로는 무려 7%에 달하는 것이죠.

배당이 성장한다는 것은 기업이 경영 활동을 잘해서 배당 가능한 순이익이 증가한다는 의미를 포함합니다. 그렇기 때문에 배당이 성장하는 기업들은 자연스럽게 주가도 상승하게 됩니다. 정리하면 이러한 기업들은 현재의 관점에서 시가 배당률로 배당수익률을 계산하면 낮아 보입니다. 하지만 중요한 건 현재 시가 배당률이 아니라 과거 대비 배당이 얼마나 성장해왔는가를 보여주는 지표라는 점을 꼭 기억해야겠습니다.

배당주로 매월 현금흐름 만드는 법

배당주 투자의 주된 목적은 배당금을 통한 현금흐름 창출입니다. 현금흐름은 꾸준할수록 그리고 빈번할수록 더 좋겠죠. 국내 배당주에 투자하는 경우 현금흐름이 1년에 1회(연 배당) 혹은 1년에 4회(분기 배당)밖에 생기지 않죠. 반면 미국 배당주에 투자하면 배당으로 매월 현금흐름을 만들 수 있습니다.

배당으로 매월 현금흐름을 만들 수 있는 이유는, 첫째 미국 배당주 중에서는 매월 배당금을 지급하는 종목이 있기 때문이고, 둘째 미국 기업들은 분기 배당을 지급하는 달이 일률적이지 않고 차이가 있기 때문입니다.

먼저 매월 배당금을 지급하는 배당주의 경우 대부분 부동산 리츠(REITs) 주식입니다. 주식 혹은 채권을 발행해 자금을 모으고 이러한 자금으로 부동산을 개발하거나 매입해서 세입자들에게 렌트해준 뒤 월세를 수취하는 것이 리츠 주식들의 비즈니스 모델입니다. 대표적인 리츠 주식으로는 리얼티 인컴(Realty Income, 티커 O), 내셔널 리테일 프로퍼티(National Retail Properties, 티커 NNN), 스피릿 리얼티 캐피털(Spirit Realty Capital, 티커 SRC) 등이 있습니다. 이 중에서도 국내 투자자들에게도 잘 알려진 월 배당 미국 주식은 리얼티 인컴이죠.

아래는 리얼티 인컴의 2022년 배당금 지급 내역입니다. 매월 꾸준히 0.25 달러를 지급해온 것을 확인할 수 있죠. 배당금 지급일 역시 매월 15일로 일정하며 배당수익률은 2022년 12월 기준 4.7%입니다.

매월 현금흐름을 만드는 두 번째 방법은 배당금 지급일 관련 배당주를 활

◆ 월 배당주 리얼티 인컴의 배당금 지급 내역

Dividend Payout History   Download to Spreadsheet

Year	Declare Date	Ex-Div Date	Record Date	Pay Date	Frequency	Amou	>
2022							
	12/13/2022	12/30/2022	1/3/2023	1/13/2023	Monthly	0.2485	
	11/8/2022	11/30/2022	12/1/2022	12/15/2022	Monthly	0.2480	
	10/11/2022	10/31/2022	11/1/2022	11/15/2022	Monthly	0.2480	
	9/13/2022	9/30/2022	10/3/2022	10/14/2022	Monthly	0.2480	
	8/16/2022	8/31/2022	9/1/2022	9/15/2022	Monthly	0.2475	
	7/12/2022	7/29/2022	8/1/2022	8/15/2022	Monthly	0.2475	
	6/14/2022	6/30/2022	7/1/2022	7/15/2022	Monthly	0.2475	
	5/17/2022	5/31/2022	6/1/2022	6/15/2022	Monthly	0.2470	
	4/12/2022	4/29/2022	5/2/2022	5/13/2022	Monthly	0.2470	
	3/15/2022	3/31/2022	4/1/2022	4/15/2022	Monthly	0.2470	
	2/15/2022	2/28/2022	3/1/2022	3/15/2022	Monthly	0.2465	
	1/11/2022	1/31/2022	2/1/2022	2/15/2022	Monthly	0.2465	

※ 출처: seekingalpha.com

용하는 방법입니다. 분기 배당을 하는 대부분의 미국 배당주는 2-5-8-11월에 배당금을 지급하는 기업, 3-6-9-12월에 지급하는 기업, 1-4-7-10월에 지급하는 기업 이렇게 3가지로 나뉩니다. 따라서 각 카테고리에 있는 기업들을 배당주로 하나씩 보유한다면 매월 배당금을 받는 현금흐름을 만들 수 있죠. 예를 들어 1-4-7-10월 배당금을 지급하는 JP 모건, 2-5-8-11월에 배당금을 지급하는 스타벅스, 3-6-9-12월에 배당금을 지급하는 비자(VISA) 이런식으로 3종목을 매수하면 매월 배당금을 받는 포트폴리오를 구성할 수 있습니다.

◆ 배당금 지급 월별 미국 대표 배당주 예시

배당금 지급월	대표 기업
1-4-7-10월	JP 모건
2-5-8-11월	스타벅스, AT&T, P&G, 애플
3-6-9-12월	VISA, 존슨앤존슨
4-7-10-12월	코카콜라, 나이키

배당주에도 고배당주와 배당성장주가 있다

고배당주란 높은 배당수익률을 제공하는 주식을 말합니다. 그렇다면 연 배당률이 얼마나 되어야 고배당주라고 할 수 있을까요? 이에 대한 답은 상황에 따라 달라질 수 있습니다. 은행 예금 이자가 0%에 가깝고, 시장 지수인 S&P500에 투자하는 ETF의 배당수익률이 1%인 상황에서는 배당수익률이 5%만 되어도 고배당주라고 부를 수 있습니다. 반면 은행 예금 이자가 5%이고, S&P500의 배당수익률이 2%를 넘는다면 배당수익률 5%를 주는 기업들을 고배당주라고 부르기는 힘들 수도 있죠.

고배당주라는 것은 다른 기업과 비교해서 더 많은 배당을 준다는 의미이기도 합니다. 즉 상장주식 중 그 어떤 주식도 배당수익률이 5%를 넘지 못하는데 어떤 기업이 5%의 배당수익률이라면 이 기업의 주식은 당연히 고배당주로 불리게 되겠죠.

◆ 2022년 대표 배당킹 10종목의 배당수익률, 배당성장률, 배당 성향

티커	종목명	섹터	배당 수익률	배당성장률 (5년 평균)	배당 성향
MO	Altria Group Inc.	Consumer Defensive	8.21%	6.07%	138.35%
MMM	3M Co.	Industrials	4.90%	1.84%	51.21%
ABBV	Abbvie Inc.	Healthcare	3.63%	14.71%	74.03%
KMB	Kimberly-Clark Corp.	Consumer Defensive	3.38%	3.01%	86.90%
KO	Coca-Cola Co.	Consumer Defensive	2.78%	2.44%	76.37%
JNJ	Johnson & Johnson	Healthcare	2.55%	6.11%	61.39%
PEP	PepsiCo Inc.	Consumer Defensive	2.54%	7.39%	64.12%
PG	Procter & Gamble Co.	Consumer Defensive	2.40%	5.78%	63.15%
CL	Colgate-Palmolive Co.	Consumer Defensive	2.37%	3.28%	80.47%
LOW	Lowe's Cos., Inc.	Consumer Cyclical	2.11%	20.69%	35.80%

배당주 투자를 결심하고 배당주에 관한 정보를 검색하다 보면 투자자들이 빠지게 되는 고민이 있습니다. 바로 고배당주를 살 것인가 아니면 배당성 장률이 높은 종목을 매수할 것인가 하는 것이죠. 고배당주는 투자금 대비 배당수익률이 높은 기업으로, 여기에 투자하면 당장의 높은 배당수익을 기 대할 수 있습니다. 반면 배당성장주에 투자하게 되면 지금 당장은 배당수 익률이 낮을 수 있지만 향후 이런 수익률이 커지는 것을 기대할 수 있죠.

고배당주와 배당성장주를 고를 때 미국 배당주 투자가 처음이거나 분석 에 어려움을 겪는 초보자라면 전체 미국 주식을 대상으로 종목을 검색하

기보다는 앞서 알려드린 배당킹, 배당귀족 관련 리스트에서 투자대상을 검색해보는 것이 좋습니다. 배당킹, 배당귀족 기업들은 이미 시장에서 50년 이상 혹은 25년 이상 검증받은 기업이기 때문입니다.

ETF로 배당주 투자하기

지금까지 좋은 배당주를 찾기 위한 기준에 대해 공부했지만 사실 투자에 있어 정답이란 존재하지 않습니다. 그렇기 때문에 좋은 기준을 세운다는 것 자체가 곧 나의 배당주 투자 성공을 보장하지는 않습니다. 상장된 수많은 종목 중에서 좋은 배당주를 찾아내고 투자하는 것 역시 쉬운 일이 아닙니다.

이렇게 배당주에는 투자하고 싶지만, 어떤 배당주를 골라 투자해야 할지 막막할 때에는 이미 시장에서 검증된 배당주 ETF를 활용할 수 있습니다. 다음의 표는 운용자산 100억 달러(13조 원) 이상인 대표적인 배당 ETF 목록입니다. VIG는 배당주 ETF 중 가장 큰 규모의 ETF로 배당 성장에 초점을 맞춘 ETF입니다. 추종 지수는 S&P U.S. Dividend Growers Index이며 지난 10년 동안 배당을 성장시켜온 종목으로 포트폴리오를 구성합니다.

◆ 운용자산 100억 달러 이상의 배당 ETF

티커	ETF명	운용자산	운용보수	배당수익률
VIG	Vanguard Dividend Appreciation ETF	656억 달러	0.06%	1.97%
VYM	Vanguard High Dividend Yield ETF	500억 달러	0.06%	3.03%
SCHD	Schwab U.S. Dividend Equity ETF	442억 달러	0.06%	3.41%
DGRO	iShares Core Dividend Growth ETF	243억 달러	0.08%	2.35%
SDY	SPDR S&P Dividend ETF	235억 달러	0.35%	2.56%
DVY	iShares Select Dividend ETF	228억 달러	0.38%	3.46%
HDV	iShares Core High Dividend ETF	125억 달러	0.08%	3.60%

VYM과 SCHD는 미국 고배당 ETF로 리츠를 제외한 고배당주로 포트폴리오를 구성합니다. SCHD의 경우 배당금 지급 역사가 10년 이상인 기업들로 포트폴리오를 제한합니다.

DGRO와 SDY는 배당 성장 ETF 중에서 대표 ETF라고 할 수 있습니다. SDY는 20년 이상 배당을 꾸준히 늘려온 종목 중에서 S&P500 지수에 포함된 종목을 포트폴리오로 구성하며, DGRO는 배당금이 지속적으로 상승하는 기업 중 5년 이상 연속으로 배당이 성장한 기업들로 포트폴리오를 구성합니다.

DVY는 100개의 포트폴리오로 구성되는데, 5년간 배당 성장을 이룬 종목 중에서 포트폴리오를 구성하며 여기에는 리츠도 포함된다는 특징이 있습니다. 반면 HDV는 75개의 포트폴리오로 구성되며 리츠는 제외되고, 특히 종목 편출입 심사에서 *경제적 해자* 유무를 참고하는 펀드 평가 회사인 모닝스타(Morningstar)의 독점 스크린을 통과해야 합니다.

> **짚어보기** ✏ **경제적 해자** 해자란 과거 중세시대에 적의 침입에 대비하기 위해 성 밖의 둘레를 파 만든 연못을 뜻합니다. 주식에서 활용하는 경제적 해자란 이처럼 경쟁자들로부터 회사를 보호해주는 구조적 우위를 말합니다.

시장에서 검증된 또 다른 배당주 ETF는 바로 배당킹, 배당귀족주를 포트폴리오로 구성하는 ETF입니다. 이러한 배당킹, 배당귀족주에 선정된 기업들만을 대상으로 ETF를 구성하는 상품에 투자하는 것은 지난 50년, 25년의 역사를 보고 투자하는 것과 다르지 않습니다. 국내 투자자들에게 미국 배당주 ETF로 잘 알려진 NOBL은 S&P500에 속해 있는 기업 중에서 배당금을 25년 이상 증액한 배당귀족주를 편입하는 ETF입니다.

ETF를 통해 배당주에 투자하면 소액으로도 다양한 배당 포트폴리오를 구성할 수 있습니다. 배당 ETF 중에서 가장 큰 운용자산을 보유한 VIG ETF를 1주 매수하기 위해서는 150달러가 필요하지만, VIG가 보유한 상위 10개 종목인 유나이티드헬스그룹, 존슨앤존슨, 마이크로소프트, JP 모건, P&G, 비자, 홈디포, 마스터카드, 펩시, 코카콜라를 1주씩 보유하기 위해서는 훨씬 더 많은 금액이 필요합니다. 따라서 소액으로 배당주를 차곡차곡 모아나가고 싶다면 배당주 ETF가 그 대안이 될 수 있습니다.

다음의 그림은 시킹알파에서 확인한 배당 관련 대표 ETF입니다. 앞에서

◆ 시킹알파에서 확인하는 배당 전략 대표 ETF

Dividend Strategies

Name	Symbol	Today	1 Month	YTD	1 Year	3 Years
Dividend Equity	SCHD	-1.21%	-6.30%	-4.74%	-5.48%	41.96%
Dividend Growth	DGRO	-1.10%	-5.60%	-3.20%	-5.71%	31.88%
Dividend Appreciation	VIG	-1.21%	-4.97%	-2.75%	-4.65%	28.74%
Financial Preferred Stocks	PGF	-2.90%	-6.48%	2.22%	-12.59%	-18.81%
High Yield, Rising Dividends	SDY	-1.57%	-5.89%	-3.58%	-3.08%	30.10%
Preferred Stocks	PFF	-1.69%	-5.21%	2.11%	-12.38%	-11.89%
Rising Dividends	PFM	-1.18%	-5.45%	-3.50%	-4.94%	27.04%
International High Yield, Rising Dividends	PID	-1.27%	-3.70%	2.03%	-10.15%	23.80%
Value Line Dividend Index	FVD	-1.18%	-5.05%	-3.41%	-5.17%	21.00%
Dividend Aristocrats	NOBL	-1.47%	-4.77%	-2.44%	-3.29%	31.68%
Buybacks	PKW	-1.91%	-7.31%	-2.00%	-4.90%	51.33%

※ 출처: seekingalpha.com

살펴본 VIG, SCHD, DGRO, SDY 등이 바로 눈에 들어오시나요? 이미 설명한 ETF 외에도 금융 관련 우선주에 주로 투자하는 PGF, 우선주로만 배당주를 구성하는 PFF, 배당귀족들을 모아둔 NOBL 등이 눈에 띕니다. 또한 10년 이상 배당금을 꾸준히 늘려온 배당성취자 주식들에 투자하는 PFM도 확인할 수 있습니다.

배당주 투자에 도움이 되는 사이트

50년 이상 배당금을 증가해온 기업을 배당킹, 25년 이상 배당금 증가를 지속해온 기업을 배당귀족이라고 하죠. 이 2가지 용어 외에도 '배당성취자'와 '배당블루칩'이란 용어가 존재합니다. 배당성취자는 10년 이상 배당금이 늘어난 기업을, 배당블루칩은 5년 이상 연속으로 배당금이 증가한 기업을 뜻합니다.

지금은 배당킹, 배당귀족으로 일컬어지는 기업들도 과거에는 배당 성장의 기록이 짧았던 배당성취자, 배당블루칩에 속한 기업이었습니다. 따라서 배당성취자, 배당블루칩 기업들 속에서 미래의 배당킹이 누가 될지 공부해 두는 것 또한 좋은 투자 아이디어를 발견하는 길일 수 있습니다.

슈어디비던드닷컴(suredividend.com)

배당주와 관련된 유용한 정보들이 담긴 파일을 무료로 제공해주는 사이트입니다. 해당 사이트에서는 배당킹, 배당귀족, 배당성취자, 배당블루칩 기업이 어떤 기업들인지도 확인할 수 있습니다.

디비던드닷컴(dividend.com)

배당주와 관련된 가장 대표적인 정보 포털 사이트입니다. 배당주 투자와 관련해서 다양한 조건의 배당주들을 검색하거나, 이미 추려진 배당주들을 확인할 때 유용하게 사용할 수 있습니다.

시킹알파(seekingalpha.com)

배당금만을 다루는 사이트
는 아니지만 배당주 투자에
필요한 정보들을 잘 정리한
사이트입니다. [Dividends]
탭에서 배당수익률, 배당 성
장, 배당 안정성 등을 평가
하는 여러 지표들을 제공합
니다. 특히 배당수익률과
YOC를 그래프로 보여주는
기능이 유용합니다.

해외주식 초보 투자자가
자주 묻는 질문

Q. 해외주식, 즉 미국 주식에 투자하려면 주식계좌를 별도로 만들어야 하나요?

A. 기존 국내주식 투자를 위해 증권계좌를 가지고 있는 투자자라면 별도로 만들지 않아도 됩니다. 기존 증권계좌에서 해외주식 거래를 위한 서비스 신청만 추가로 하면 됩니다. 해외주식 거래 신청은 홈페이지, HTS, MTS 등에서 가능합니다.

Q. 해외주식은 세금이 복잡한가요?

A. 해외주식과 국내주식이 다른 점은 바로 양도소득세입니다. 해외주식은 1년 단위로 손익을 통산하여 250만 원 이상 발생하는 양도차익에 대해서는 다음 해 5월 양도소득세를 신고 및 납부해야 합니다. 본인이 직접 신고, 납부한다는 것에 부담을 느낄 수 있지만, 최근에는 많은 증권사가 양도소득세 대행 서비스를 무료로 진행하고 있습니다. 해외주식 투자에서 발생하는 배당소득세의 경우 증권회사에서 원천징수 후 투자자에게 지급됩니다.

Q. 해외주식 소수점거래가 가능한가요?

A. 해외주식도 소수점거래가 가능합니다. 다만 서비스를 제공하는 증권사마다 거래 가능 종목이나 최소 거래단위 등이 조금씩 다릅니다. 보

통 최소 주문 금액은 1달러 혹은 0.0001주와 같은 식으로 정해지지만 정확한 방법은 이용하는 증권사에서 확인하는 것이 필요합니다.

Q. 미국 주식 거래에 적용되는 서머타임이 무엇이고, 거래에는 어떤 영향을 미치나요?

A. 서머타임이란 낮시간이 길어지는 여름철 표준시를 1시간 앞당겨 낮시간을 활용하도록 만든 제도입니다. 미국을 포함한 전 세계 70여 개 국가에서 서머타임을 적용하고 있습니다. 이러한 서머타임이 적용되면 거래시간이 1시간씩 앞당겨지게 됩니다. 원래 미국 주식시장의 정규장은 우리나라 시간으로 오후 11시 30분에 개장하여 다음 날 새벽 6시에 마감합니다. 하지만 매년 3월 둘째 주 일요일에 시작되어 11월 첫째 주 일요일에 해제되는 서머타임이 적용되면 정규장 시간은 오후 10시 30분에서 오전 5시까지로 1시간씩 앞당겨집니다.

Q. 미국 주식은 상한가가 있나요?

A. 미국에는 가격제한폭이 존재하지 않아 상한가와 하한가가 존재하지 않습니다. 즉 하루에도 주가 변동이 제한 없이 크게 이루어질 수 있죠.

Q. 미국 주식은 정규장이 열려야만 매매할 수 있나요?

A. 정규장 외에도 프리마켓 혹은 애프터마켓 시간에 주식 매매가 가능합니다. 정규장 전에 열리는 시장이 프리마켓, 정규장이 끝나고 열리는 시장이 애프터마켓입니다. 프리마켓은 우리나라 시간으로 오후 6시부터 오후 11시 30분까지, 애프터마켓은 다음날 새벽 6시부터 오전 10시까지입니다. 단, 프리마켓과 애프터마켓은 증권사별로 거래 가능한 시

간에 차이가 있습니다. 따라서 투자자가 이용하는 증권사가 프리마켓, 애프터마켓 시간 중 언제 거래가 가능한지 확인할 필요가 있습니다.

Q. 미국 주식시장에도 동시호가가 존재하나요?

A. 미국 주식시장은 동시호가가 없습니다. 정규장 시작과 동시에 거래가 일어나죠. 국내 주식시장에서 정규장이 시작되고 끝날 때 주문을 한 번에 모았다가 체결하는 동시호가가 존재하는 것과는 차이가 있습니다.

Q. 미국 주식을 팔면 돈은 언제 입금되나요? 팔고 나서 바로 다른 주식을 살 수 있나요?

A. 미국 주식의 결제일은 3영업일 후입니다. 평일 기준으로 월요일에 미국 주식을 매도했다면 목요일에 개인 계좌로 매매대금이 들어옵니다. 결제대금이 3영업일 뒤에 들어온다고 해서 매도한 대금으로 주식을 바로 매수하지 못하는 것은 아닙니다. 주식을 매도한 날 매도금액만큼 다른 주식을 매수할 수 있습니다.

Q. 미국 주식 거래 시 유리한 증권사가 있나요?

A. 미국 주식을 거래할 증권사를 따져볼 때는 매매 시 적용되는 수수료율, 환전 시 받을 수 있는 환전우대율, 기타 생애 최초 계좌개설 시 적용받을 수 있는 혜택 등을 비교해봐야 합니다. 최근에는 대부분의 증권사가 비대면 최초 계좌개설 시 다양한 수수료 이벤트 혜택을 제공하고 있으니 이 중에서 나에게 맞는 증권사를 찾는 것이 유리합니다.

Q. 미국 주식도 국내주식처럼 기관, 외국인, 개인과 같은 수급 확인이 가

능한가요?

A. 미국 주식에서는 수급을 확인할 수 있는 정보를 찾을 수 없습니다. 국내주식의 경우 한국거래소에서 이러한 수급 정보를 제공하지만, 미국 거래소의 경우에는 이러한 정보를 제공하지 않습니다.

Q. 국내 주식시장 휴장일에도 미국 주식을 거래할 수 있나요?

A. 미국 주식시장의 거래는 미국의 휴일을 따릅니다. 따라서 국내 주식시장이 휴장하거나 대체공휴일이라 하더라도 미국 주식은 정상적으로 거래할 수 있습니다.

Q. 해외주식 배당금은 원화로 받나요, 외화로 받나요?

A. 해외주식을 보유함으로써 발생하는 배당금은 모두 현지통화로 받습니다. 배당금이 계좌에 입금될 때에는 증권사에서 배당소득세를 원천징수한 세후 금액이 외화로 입금됩니다. 단 여기서 해당 국가의 배당소득세가 국내(15.4%)보다 낮아 추가적인 배당소득세 납부가 필요한 경우에는 증권사별로 업무 프로세스에 차이가 있습니다. 일반적으로 입금된 배당금 중 일부를 자동환전 처리하여 추가 배당소득세가 자동으로 납부되거나 원화미수금으로 계산됩니다.

Q. 올해 해외주식 매매에서 손해를 보았습니다. 내년도 해외주식 양도소득세 신고 시 이 부분을 통산하여 신고할 수 있나요?

A. 해외주식 양도소득세 기준은 해당연도입니다. 따라서 올해 손실이 났다고 하더라도 다음 해에 이러한 손실분이 이월되지는 않습니다.

해외주식유치원 졸업사

책 집필이 한창이던 2022년 겨울, 저에게는 눈에 넣어도 아프지 않을 쌍둥이 아이들이 태어났습니다. 출산의 고통은 온전히 아내의 몫이었지만, 출산 이후 육아에는 저와 아내, 그리고 양가 부모님들이 총동원되었습니다. 모든 것이 서툴고 초보인 아빠였기에 쌍둥이들의 육아에 신경 쓰면서 동시에 책까지 집필하는 것은 육체적으로나 정신적으로 쉽지 않았습니다. 이런 어려움에도 불구하고 이 책을 끝까지 집필할 수 있었던 것은 모두 아내와 양가 부모님의 도움이 있었기 때문입니다. 집필하라며 도서관에 갈 수 있도록 독박육아를 자처한 아내와 양가 부모님, 그리고 아빠가 책을 쓰고 있는 줄도 몰랐겠지만 존재만으로도 세상 가장 큰 기쁨을 주는 리한, 리온이에게 온 마음을 다해 고마운 마음을 전합니다.

저는 예전부터 아이들이 태어나면 성인이 될 때까지 꾸준히 장기적립식으로 주식을 사주면 좋겠다고 생각했습니다. 거액의 자산을 물려줄 수는 없지만, 아이들이 어릴 때부터 주식을 사주면 성인이 되었을 때 꽤나 유용하게 사용할 수 있는 목돈이 될 거라 생각했기 때문입니다.

그래서 어떤 주식을 한 달에 얼마나 사줘야 할까 고민이 많았습니다. 더불어 아이의 계좌를 만드는 것이 좋은지, 증여세 신고는 한 번에 하는 게 좋은지 등과 같은 방법론적인 고민도 뒤따랐습니다. 하지만 무엇보다 고민은 아이가 성인이 될 때까지 약 20년이라는 긴 기간 투자할만한 대상을 정하는 것이었습니다.

때마침 이 책을 쓰게 된 것이 저에게는 행운이었습니다. 해외주식 투자가 처음인 독자들을 대상으로 해외주식에 대한 입문서를 쓰면서 가장 많이 배운 사람은 저였습니다. 개별주식뿐만 아니라 ETF 투자, 배당주 투자 등을 다루면서 투자대상에 대해 폭넓게 알아볼 수 있었고 덕분에 아이들에게 어떤 주식을 꾸준히 사줄지 정할 수 있었습니다.

세계에서 주식투자로 가장 큰 자산을 이룬 워런 버핏에게 아마존 창업자 제프 베이조스(Jeff Bezos)가 이렇게 물었습니다.

"당신의 투자 철학은 굉장히 간단합니다. 그런데 왜 사람들은 당신이 하는 것을 그대로 따라 하지 않을까요?"

워런 버핏은 이렇게 답했습니다.

"아무도 천천히 부자가 되기를 원하지 않으니까요."

주식투자자들은 모두 투자로 큰돈을 벌고 싶어 합니다. 하지만 대부분의 투자자는 실패하죠. 그 이유는 워런 버핏이 말한 것처럼 모두가 '빨리' 돈을 벌 수 있는 투자처를 찾기 때문이 아닐까요. 지금 당장 주가 상승이 돋보이는 기업, 단기간에 2배로 상승할 기업을 찾다가는 주식투자로 큰 부를 이루는 것이 아니라 주식은 위험하니 절대 해서는 안 되는 것이라고 말하게 될지도 모릅니다.

이 책을 통해 해외주식 투자가 막연했던 독자들이 투자의 세계로 한발 더 나아가면 좋겠습니다. 이 책은 끝이 아니라 시작입니다. 이 책을 바탕으로 해외주식이라는 더 넓은 세상으로의 여러분의 항해를 진심으로 응원하겠습니다.